話語公式

只要會「加減乘除」，
就能輕鬆掌握所有溝通！

Jasmine韓——著
林又晞——譯

말의 공식

來自各界菁英的推薦

作者作為縱橫世界的講師，重新回歸成為利用加減乘除解開複雜對話的親切數學家。在讀本書的時候，我想起了一位哲學家的話：「人們逃不出語言的世界。」本書中包含的說服方法，將成為在話語森林中腳步蹣跚者的枴杖。我想要感謝作者督促我，叫我不要捲入話語當中，而是應該豎立起話語的支柱、找到話語的水流，逆流而上。

本書教導的東西並不只是單純的話語公式，而是關係的公式，甚至是人生的公式。如果是想為了新年立下新希望的讀者，希望你們能夠吸收話語公式，而我也會把「積極提問、深度傾聽」當作今年的座右銘。

+ 創新INC CTO副社長／李江蘭

受新冠疫情大流行的影響，最近的文明彷彿調快了時鐘，進入了一個迅速組成、剪裁經驗，再生產、販售和消費的時代，對無形資產定價的例子越來越司空見慣。組成那無形資產的中心架構是什麼呢？我認為就是話語。

離開金融界後超過十六年的歲月裡，我在雲計算和軟體決策領域工作，總是在苦惱「如何對看不見的東西定價和議價」，以最佳的經驗引導顧客，或者將顧客的需要轉變為價值和消費的對象。這所有事情的根基上，都有透過對話巧妙地組成的投資和努力。

在新加坡，來自全世界的競爭者需要互相角逐、觀察自己的要求並取得成果才能生存下去，我在這裡體會到，僅憑長年的資歷、優秀的工作能力和高度的努力，是很難獲得認可的。為什麼那個人只不過是很會說話，卻可以不斷升遷又受到矚目呢？為什麼韓國人（或亞洲人）只是有能力的勞動者，只會做苦差呢？難道問題出在英文實力嗎？

我猜，解答在於說話的方式。我們擺脫了說話被視為不好的教室後，卻踏入只有說話才能生存下來的企業戰場，這樣的我們會有多麼軟弱？現在是時候跨越覺得說話很吃力的階段了，不僅如此，我們還要正確、有效地說話，更重要的是，話要講得有影響力。我想感謝Jasmine講師，出版了這本會讓我放在手邊經常翻看的書。

—Salesforce亞洲地區總部理事／金素妍

對於很看重年薪和升遷的上班族而言，本書不僅提供了安慰，還是一本可以得到共鳴和尋找解決方案的協商指南。作者透過生動的具體事例，說明資歷絕對不會直接連接到報酬，若想發展職場，就必須培養自己話語的傳達能力。為了將「我」這個資源定位在最佳位置，並給人留下深刻的印象，本書是一堂必讀且需要勤加練習的人生課程。

⊗ 亞馬遜網路服務AWS頻道商機線索／金仁淑

在職場上或養育小孩的過程中等生活的各個角落，都需要為了說服他人、提出要求並獲得自己想要的東西進行協商。對於需要不停迎接這些不好應對的瞬間的人，本書提供了具體解決辦法的指南，內容包括對人的理解與洞察、基於心理學的簡單易懂的說明、協商的核心要素和訣竅，以及任何人都會產生共鳴的例子，打破了協商很困難的盲目成見。

本書是可以放在身旁，每當遇到難以傾訴的瞬間時，就會想拿出來閱讀的實踐書籍。我想積極推薦給不分男女老少，所有需要協商和說服能力的人。因為話語而感到辛苦的你，以及不懂得使用話語這個工具的你，可能會像我一樣，在本書當中發現新的可能性。

÷ FUCHS Korea 人事組長／朴敏貞

Jasmine 講師的《話語公式》不僅為上班族，也為在日常生活中每天溝通和協商的我們，提供了簡單明快的指南。我透過本書回顧了過去十三年的職場生活，重新審視了自己，一些留下遺憾的記憶也因而獲得了安慰。與下屬和同事們的關係、會議、年薪協商、與外部客戶的面談等需要做出重要決定的場合中所需的對話方法、數位禮儀等，作者提供了例子、說明和訣竅，可以解決當今時代上班族可能面臨的各種困難，讀完這本書後，彷彿得到了職場專業輔導。不管是對於想在業務協商中培養溝通能力的上班族，還是所有希望在日常生活大大小小的協商當中，掌握主導權的人，本書都可以成為很好的嚮導。

＋ 三星電子客服經理／朴智賢

眾所皆知，律師是需要對於「啊」、「喔」等語氣之間的差異非常敏感的職業。例如，在打官司的律師們為了將合約書解釋得有利於自己的客戶，會很仔細地閱讀文件。像我一樣待在M＆A組的律師們，都很努力地使用準確的語言製作包含企業約定的合約書，讓每個人讀起來的理解都一樣。人們不太清楚的是，這些看似枯燥乏味的事情，其實是不斷進行激烈協商的一種延續。

對於主要從事這種工作的我來說，本書真的十分有趣。雖然有關在協商現場實際使用的技巧等這種內容也很有用，但本書提供了讓我們銘記一個基本教訓的機會，那就是無論什麼時候，都必須與對方朝著共同的目標前進。另外，本書也透過各種逸事，介紹了如何在年薪或房價等我們認為沒有協商餘地的主題上，聰明地處理的方法。我在接受指導時感受到的Jasmine明智的模樣，被原封不動地承載在這本書當中，多虧了本書，我才能更勇敢、更有條不紊地說話。

——英國富而德律師事務所律師／史惠媛

應該沒有人不知道話語的力量，但大部分的人從來沒有真的學習過如何把話說好。本書傳達出非常符合現在這個當下的訊息：「話語中也有簡單明瞭的公式。」作者生動地舉出了貼近日常生活和職場上的例子，並且介紹了任何人都可以輕易學會的話語公式。一一熟悉本書的公式後，不僅可以避免說錯話，還可以在任何協商場合掌握主導權。如果你是想要知道可以透過語言獲得多少成效的讀者，請一定要閱讀本書！

⊗《Contents Gardning》作者／徐敏奎

這本書將感性領域的話語和邏輯領域的公式相結合，重新解釋了協商，教導我們如何有智慧地從多方面看待身為對話主體的我和對方，以及圍繞在我們周圍的情況。

一提到協商，大多人都會認為協商就是指集中在對方身上，以得到想要的東西的對話技巧，但本書提出了一個新的觀點，那就是對話主體的我，也與對方同等重要。如果你想在和某人協商之前，確認一下自己協商的技術，建議一定要閱讀本書。

Bluebell Korea L&D經理／宋有貞

這是一本饒富趣味的書，含有人生前輩的溫暖建議和應對協商的冷靜智慧。在這個溝通方式和重要程度改變的線上社會，我們的說話技巧也是時候該進步了。我強烈推薦本書給所有想要透過修飾話語，提升影響力和價值的人。運用Jasmine講師明確又實用的策略，你將會發現和以前不一樣的自己，威風凜凜地進入協商場。

歐特克股份有限公司準備經理／宋恩容

目前為止，我一直認為協商像是一場在寒冷的冰面上，運用冷靜理性進行的鬥爭，或者是一場雙方絕對不會退讓的殺氣騰騰的拔河比賽。但是在讀本書的過程中，我明白了協商是為了讓自己和對方找出共同的解決辦法，成為長期夥伴的過程。

雖然我工作了很長一段時間，但在協商場合上的每個瞬間，我仍然會緊張。不過因為有了本書，它就好像是一位可靠的前輩，溫暖地為我加油，而我現在好像終於可以鼓起勇氣了。我強烈地推薦本書給那些想學習可以實際運用在商業和日常生活中的話語技巧和智慧的人。

一 ANZ銀行副董事／李恩真

對上班族來說，說話也是一件工作，說話不僅是單純的對話手段，也是溝通和協商能力的展現。即，話語是業務成果的指標，也是建立個人品牌的因素。

也許正因如此，對上班族而言，說話總是像一道難題。明明很想在對話中掌握主導權，熟練地表達出自己的想法，卻總是徘徊不前。Jasmine對這種人說：「話語中也有公式。」即使是同樣的一句話，根據加減乘除，話語的層次就會有所不同。你現在有重要的話需要說嗎？那麼希望你一定要看一下本書中講到的話語公式。

✕ Wanted Lab主編／鄭恩惠

每當在苦惱「如何說服我面前的這個人」的時候，希望你可以試試看本書中建議的協商方式，它將會成為一本創造對話態度與價值的令人感謝的指南書。

÷ 自由職業者、廣播作家／崔允熙

本書讓缺乏溝通技巧、不懂得處世之道的我意識到「簡單地解開對話就是這麼一回事」，也讓我明白如果把協商當成是追求共同利益的博弈，而不是必須贏過對方的課題，那麼協商就會變得容易，引人不斷感嘆。書中有許多令人感同身受的比喻，所以我想推薦給男女老少所有人。在我目前讀過的處世之道相關書籍當中，本書可以媲美戴爾·卡內基的《卡內基溝通與人際關係》，不對，甚至比那更加令人印象深刻。

東亞製藥研究員／韓英善

作者序

話語中也有公式

我們從早到晚，每天都會說話。從朋友、家人之間的輕鬆玩笑到遞給上司的沉重辭呈，全部都需要使用話語這個工具來傳達。

由於新冠疫情大流行，話語變得比任何時候都還要重要，因為線上時代已經到來了。以前可以面對面一邊喝茶，一邊坦誠地交換意見，但現在不一樣了。透過感官理解的非語言提示消失，現在是時候更加重視話語本身了。

如果只需要透過嘻嘻哈哈的談天和玩笑，就可以相互理解與合作，那該有多方便？如果不需費力觀察或推測對方，就可以順利傳達自己想說的話，那該有多好？但是現實的對話並沒有那麼容易，因為在人生中，為了好好處理事情或者達成目標，一定會遇到需要說出對方不太想聽的話語的時刻。

以我自己為例，我的對象並非他人，正是我四歲的女兒。每天早上和晚上，我都需要拜託她刷牙，不對，是強迫她刷牙。我追著因為不想刷牙而逃跑的女兒，心裡雖然高喊著：「妳不刷牙的話，是想要以後接受很痛的蛀牙治療嗎？」但表面上卻很冷靜地說服她，因為即使是媽媽也不能強迫孩子服從。像這樣，想要有效地表達對方不太想聽的話語時，我們就不得不動一下腦筋。

假設小孩無論如何都可以設法安撫、哄騙，那如果與在職場上遇到的人發生意見衝突時，該怎麼對話呢？尤其對方是一位非常死板、很難應對的人呢？每當需要為了自己的利益，說服別人站在我這邊的時候，我們就會莫名地畏縮。提醒供應商一定要在快到的繳交期限前準時交貨的時候、向決定要調漲月租的房東求情的時候、與雖然知道我很努力工作，但今年仍然表示很難幫我升職加薪的上司面談的時候，你在面對這些瞬間時，有什麼樣的感覺？是不是光想像，心臟就跳得比平常更劇烈了？或許你會有這種想法：

「唉，好痛苦！我該怎麼表達自己的意見？我會不會顯得很自私或很差勁？在一般的情況下，我都很想盡量配合，但那樣的話，我就會損失很多……如果傷害到別人，彼此都會很痛苦，這次我就睜一隻眼閉一隻眼吧？」

情況越複雜就越心軟。

我只是想要傳遞出我的想法，但奇怪的是，講話都會卡住或者意圖遭到曲解。我的意思明明是「一起好好努力吧」，但有時候卻讓對方受傷了，有時候則是沒有及時拒絕會犧牲到自己的請託，而在轉身之後馬上後悔。偶爾會因為自己連吭都沒有吭一聲，就在低得離譜的年薪和福利合約書上簽了名，而在入睡前懊悔得狂踢被子。

我們錯過了什麼？那時候應該要怎麼說呢？為了回答這個問題，我們需要先來看以下的算式。

1＋(4×5)＝21

(1×4)＋5＝9

這兩個算式告訴我們，即使數字相同，但根據計算的方式，結果可能會相差兩倍以上。雖然數字1、4、5和加法符號、乘法符號的個數一樣，但根據乘以什麼、按照什麼順序計算，數值就會完全不同。

神奇的是，話語也可以運用這種公式。根據我擁有的材料和如何綑綁、配置，就算在同樣的情況之下，也可以得到完全不一樣的結果。和「擁有什麼」一樣重要的，是「何時、如何展現」。

換句話說，在我要講的話語中，思考一下「需要先乘以什麼」，就可以提升能夠迷惑住對方的說服力。如果再計算出「之後要除以什麼」，就可以減少讓對方猶豫不決的危險因素或模糊不清的部分。

簡單來說就是這樣。讓我們比較一下在進入會議室之前，事先想好要說什麼（加法和乘法）、說什麼話會很危險（減法和除法）的人，以及完全不懂這種運算的人，這兩個人各自會得到什麼樣的結果不言而喻。

知道要把什麼話放進什麼公式裡的人，無論跟誰對話都不會太過膽怯，因為腦海裡已經知道結果的最小值和最大值了，可以預測出會發生什麼狀況，也懂得應對失誤。

話語公式大致上就是如此。

使用了話語公式，即使是需要拜託對方的情況，也不一定要感到抱歉，只要仔細說明對方可以因為我的請託獲得什麼、實現什麼就可以了。甚至隨著強調的部分，被拜託的人反而還會覺得很感謝，只要好好地選擇需要最大化利益時以及需要最小化風險時，應該使用什麼樣的運算，並且進行配置。這並不是指改變擁有的要素本身，而是應該先理解要將什麼、要如何綑綁在一起。

本書將介紹適用加減乘除等四種運算原理的對話法，也就是話語公式。我將過去十八年間在韓國和新加坡工作、教學時，遇到的職場人士例子改編之後，結合到各個場合，同時還附上了有趣的反轉經驗故事。在本書中可以看到因一句話而有不同命運的兩位新進員工的故事、殺房價像在殺水果價一樣輕易省下錢的英國軼事，以及用話語而不是金錢就免去了四十三萬韓元罰款的例子等。

我透過話語公式獲得了什麼呢？首先，我在蘋果（Apple）跨國公司擔任商務講師，獲得了最高執行評分。之後作為協商講師，幫助接受諮商的顧客將年薪提高了將近一億韓元。此外，我和家人一起住的新加坡房子月租，一直以來都打了20％的折扣。讓孩子養成刷牙的習慣當然也適用這個公式，減除孩子對刷牙的恐懼、加乘刷完牙的成就感，在知道如何有效地傳達我的想法之後，我對孩子發火或失望的情況減少，跟孩子的關係也變得更好了。我之所以能夠實現這一切的成就和變化，就是因為理解了話語公式。

希望各位可以常常在本書的各個角落，找到因為話語不相通而感到痛苦、因無法把話說出口而感到惋惜的自己的樣貌。「這完全就是在說我啊！」希望在得到這種共鳴之後，可以發現新的可能性。也就是說，希望在闔上這本書的時候，各位都可以製作出屬於自己的話語公式，而且運用那個公式所得到的數值會逐漸增加。

好，那現在馬上來提高話語的價值吧！

「對話能力才是人類實現的最大成就。」

——卡爾・雅斯培（Karl Jaspers）

目次

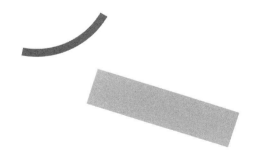

Part 2 減法 ━ 減少失誤，減去誤會

Part 3 乘法 ✕ 讓出優越感，利益加倍

Part 4 除法 ÷ 如果分享之後，也不會不夠

Part 5 括號 ( ) 現在括號要放在哪裡？

為維護我的發言權而出聲，
就如同展現我所擁有的力量。
請不要把你們的話語放在比別人的嘴巴更低的位置。
傾聽自己的心聲，就像你會傾聽別人的話語一樣，
請為自己的聲音注入力量。
只有這樣，你們的話語和故事
才能傳進對方的耳裡。

Part 1

加法

找到聲音，再加上重心的話

Chapter ①

加法的開始

加上聲音，就能獲得主權

父母應該都記得聽到孩子說出第一句話時的喜悅。本來從孩子的嘴裡只能聽到「媽媽」、「爸爸」，到後來居然能夠講出「好」、「不要」、「等一下」、「好吃」等表達自己感情和想法的話語，令人感到驚奇。孩子的舌頭短，還不能完整地發音，但父母每天依舊不放棄地繼續教他們新的話語和單字。

但是當孩子不知不覺能夠組成完美句子的那個瞬間，父母明白了，孩子的話語已不再是一種喜悅，而成為了小麻煩。每講一句話，孩子都會問：「為什麼？」、「為什麼不可以？」並指出父母的矛盾。如果以遙遠的未來時態對孩子做出「下次再讓你做」的約定，孩子就會聰明地反駁：「下次就是明天。」就這樣，孩子在長大的過程中，自然而然學會了用話語說服他人，讓他人站在自己這邊的方法。明明沒有人教過，孩子卻知道如何操縱對方，聰明地顧好自己的權益。

經過會直接表現出自己需要的幼兒時期，孩子逐漸社會化，學會了新的技術，那就是「看臉色」。孩子練就了在說出自己的想法之前，先過濾一次或者適當包裝的技巧。心裡並不覺得抱歉，但嘴上會說抱歉，也懂得有時候需要承擔損失。即使不滿意結果，也會考慮到對方的立場並接受，還學習了為多數讓步的方法。這些都是理解和體會社會上所有人都是共同體的一個過程。

＋

但是在這樣的社會化過程當中，沒有人告訴我們要掌握「主權」。度過學生時期，踏入社會後，你有學習過平等地關照自己和他人的方法嗎？雖然在任何地方都可以學習到尊重他人、接受多數主張的方法，但是學習傾聽自己的聲音、相信自己的意見是正確的，並在當下堅持信念的方法並不簡單。

為什麼會這樣呢？這或許是從集體主義視角出發所產生的弊端，集體主義認為多種聲音共存就難以達成一致。擁有學校或職場決定權的人，難免會偏愛默默跟隨領導的安靜、溫順的追隨者。我也有在人生中遇過一些前輩和上司，告訴我關於如何在不合理的情況之下，主張自己權益的具體解決辦法，但這種前輩和上司屈指可數，反而「本來就是這個樣子，組織都是這樣，妳就忍一下吧！」建議我低聲下氣的人更多。

如果把無法顧好自己權益的人，稱讚為善良的人或者成熟懂事的人，又是怎麼樣呢？那樣子稱讚別人的人，難道就是願意把自己的權益讓步給他人的人嗎？我記得那些人總是會最先顧好自己的權益。雖然他們嘴上說著為別人付出很美好，但他們自己的人生當中卻缺少了那種美德。

越是不擅長顧好自己的權益或為自己發聲的人，越無法正面突破糾紛，反而會想刻意推遲或逃避，因為沒辦法解決糾紛，而選擇先離開現場。如果有人對這種人說：「說說看你真正想要的東西吧！」他們就會搪塞道：「我好像沒什麼好說的。」在面試的時候被問到：「有什麼想知道的嗎？」他們會回答：「沒有。」其實不是真的無話可說，而是因為擔心說出真心話，對方就會對自己產生不好的想法。

遺憾的是，在掌權者的眼中，像這樣無法為自己發聲的人是非常好的獵物，因為即使提出不利的條件，他們也無法將自己的意見說出口，只會輕易地接受。即使遭遇不當的事情也什麼話都說不出口的員工，有多少雇主願意盡力為他們提供好的福利呢？

不僅每年年薪都沒有調漲，還多了新的業務，但這種員工不會有什麼不滿……不對，更準確地說，他們的內心其實不滿到了極點，但因為完全不知道該怎麼開口才閉口不談，也很害怕讓不知道怎麼解決的問題浮上檯面。

就算給的薪水很少又增加了業務量，員工也沒有什麼特別表示，因此從雇主的立場來看，很容易就會開始濫用員工。雇主絕對不希望他進化成「會說話的人」，因為世上不會有權力者對於權力變弱感到開心。

+

為維護我的發言權而出聲，就如同展現我擁有的力量。這也可以確認我並沒有變弱，而且擁有結實的肌肉。

太難了嗎？不用這麼害怕。讓我們想像一下，一個在做決定時，不是透過對話，而是透過專長或才藝來定奪優劣的社會吧？如果在為重要的事情下結論時，只有很會跳舞、很會唱歌或很會畫畫的人的意見才會被採納，那麼像我一樣，沒有什麼特別專長的人，在社會上就彷彿是一粒灰塵。幸好在現實中，我們不需要開發那種專長，透過話語就可以充分向他人傳達意見，所以我們需要鍾鍊聲音這個強大的武器。

假設一個穿著帥氣西裝的高挑青年走進了面試場，他卻用比老鼠還小的聲音向面試官做自我介紹，你會覺得他怎麼樣呢？假如有另一位求職者，雖然他的身材矮小，外表也不怎麼顯眼，但準確掌握了對話的中心，講出自己的見解，你覺得面試官會感受到誰的魅力？

我常常遇到有人說：「我本來就不太會說話。為了自己去說服他人的那種情況，對我來說太不自在了。」教導過他們之後，我得到了這樣的結論——他們不是不會說話，而是還沒有學會如何顧好自己的權益。長期處在不需要主張自己的聲音或無法主張的環境當中，對話的能力自然會退化。

長期待在同一間公司工作，每天過著類似的生活，或者沒有待過需要表達自己想法的各種環境，更是如此。擁有二十年經歷的履歷到處都是，但很少人可以把自己推銷得很有魅力，也很少人擁有說服別人的能力。如果因為公司重組等巨大變化而離開公司，回到冰冷的現實，他們就會凍結在原地。沒有同事提供安慰說：「一切都會好轉的。」他們的聲音只會越來越薄弱。儘管鼓起了勇氣，也可能會因為平常根本沒在使用這個能力，所以用起來格外尷尬，說者和聽者都很難投入到話語當中。

不過就算至今沒有人關心各位所擁有的話語力量，也沒有人告訴各位用話語守護自己的方法，那也沒關係，從現在開始一個一個慢慢練習就好了。重要的是，我們需要意識到每個人都擁有自己的聲音，根據如何利用聲音，我們可能會前進或後退。

請不要把你們的話語放在比別人的嘴巴更低的位置。傾聽自己的心聲，就像你會傾聽別人的話語一樣，請為自己的聲音注入力量。只有這樣，你們的話語和故事才能傳進對方的耳裡。

Chapter ②

來對話吧！就像從來沒有受傷過一樣

話語帶來的傷口，就用話語治癒

有人從出生以來，一次都沒有因為誰說的話而受傷嗎？並不是只有在敏感的青春期才會被其他人的話傷到吧？就算成年之後也會受傷。奇怪的是，甜蜜的稱讚很快就會被遺忘，如針般尖銳的一句話卻會記得很久。

沒有什麼意圖的一句話，例如，「喔，你要說的就是這些嗎？」或者「什麼時候會結束啊？」類似這樣的問句也會根據情況，帶給人完全不同的感覺。明明不是為了傷害對方，也不是為了催促對方，可能只是想要確認一下情況才這樣問的，但當下沒有精力去顧及那些時，很容易會被誤解成責怪。我偶爾也對因為某人隨意丟出來的一句話，花了好幾天反覆琢磨那是什麼意思，也會思考我有沒有在無意中對誰說錯話。

在顧慮到自己和他人的對話當中，最重要的元素就是「我的心理健康」。只有訴說和傾聽的我的心理健康，才能夠根據事實和意圖正確地解釋對話，還有減少因為沒有好好理解對方的話語，而獨自傷心的情況。也可以減少產生「你話講得有點繞口，我聽完後心情不是很好。」這種誤會的機率。

想想看我們每天使用的棉被和枕頭吧！雖然外表看起來沒有特別髒，也沒有污漬，但抖一抖棉被，就會出現很多灰塵。明明在上床之前已經洗澡洗得很乾淨了，但睡了一覺起來，還是會有灰塵飛揚。

經過一整天的千頭萬緒和對話之後，我們的心理是什麼樣子呢？雖然眼睛看不到，但只要仔細留意就會發現，細小的傷口和誤會就像灰塵一樣堆積在心裡面。有沒有像在明媚陽光下抖動棉被一樣，去除堆積在心裡的灰塵的方法呢？以下有三種習慣，可以照護參與對話的所有人的心理健康。

第一，簡單地整理一下對話過程中受到的傷害、誤會、偏見等。首先，從我受傷的那一刻開始回想吧！然後簡單地回顧在那個情況中出現的人物和對話並寫下來。對方可能是父母，也可能是職場同事、上司或一個苛刻的交易客戶部長。分析與他們的對話當中讓你受傷的要點，尤其是你會因為什麼樣的字彙、表達方式或情況而傷心。

以前我在一家ＩＴ公司工作的時候，曾經教過客服部門，如何處理發脾氣或失望的顧客。在那個過程當中，我發現顧客對於同一個商品或服務，有各自感到不滿的原因。有些顧客因為等了太久才連接上客服人員而心情變差，有些顧客則因為客服人員沒有安靜地聽自己把話說完而生氣，甚至還有顧客指責客服人員，上個星期明明有講過電話，為什麼不記得自己。每個人敏感的地方都不一樣，為了應對各種索賠的情況，我製作了顧客分析資料，對員工進行了教育。

我們也可以嘗試類似的方法。雖然沒有必要製作分析資料，但是可以從第三者的視角來看待讓自己感到不快的情況，也就是指客觀地了解自己對什麼主題感到敏感、什麼時候會受傷，與什麼時候會心情不好。積極做這種練習，對於理解自己很有幫助。

希望此時你是一個人回顧自己，因為如果和其他人在一起，不管是關係多麼親近的人，都難免會被說：「不是啊！有什麼好因為那個受傷的？又沒什麼大不了，你就放下吧！」這種反應可能會讓你再次受傷。如果用他人的標準來查看自己的傷口，那就只會看起來像是無須在意的傷疤。

結束這個練習之後，請反過來回顧自己帶給別人傷害的瞬間，可以用簡單的字彙寫下那個情況。請回想一下有意或無意地帶給別人傷害的瞬間，回顧那一瞬間並客觀化那時的自己，這個練習對於改善自己的說話習慣很有幫助。

第二，話語帶來的傷口，就用話語治癒吧。你有沒有雖然已經很努力傳達自己的真心了，但還是因為對話的過程或結果而受傷的經驗？以求職面試為例，已經很盡力地面試了，結果卻不如預期，就會感到失望吧？

當面試官冷冰冰地指出自己寫在履歷上的每一個項目時，幾乎沒有人能夠淡然地做出反應。反而資歷越深的人，越容易在這種對話中崩潰。即使知道今天初次見面的面試官並非決定我真正價值的人，但心裡的刺痛傷口並不會輕易平復。

面對這種情況，最好有意識地將我的心搬到溫暖的陽光下。長時間進行枯燥的對話，很容易導致心理生病，因此需要向能夠讓寒冷的心變得溫暖的人傾訴傷口，這一點很重要。

人造成的傷害，由人治癒最快。這就是為什麼要將認可我的價值，會對我說「現在已經做得很好了」、「下次一定可以做得更好」的人留在身邊的重要理由，他們會成為我們的心理支柱。

反之，當他們需要依靠的時候，我們也應該成為他們可靠的支柱。雖然每個人的傷口各不相同，但如果仔細觀察，就會發現其實有很多相似之處。因此在安慰別人的過程中，也可以提升自己所需的免疫力。生活中難免會受傷，但如果先多了解幾個克服的方法，那麼在遇到類似情況的時候，或許就不會那麼痛苦了。

另外，如果明白安慰他人的過程與安慰自己的過程相同，就會以更加寬容的心去傾聽受傷者的故事，因為在那個故事當中也會發現自己的模樣。

第三，在平常的對話當中，找到需要改變的部分並尋求解決辦法。假設有一個叫A的同事，我每次和他對話都會受傷。如果我得到的壓倒性結論是，在工作方面也無法從他身上學習到什麼，那麼現在應該怎麼做呢？盡量減少需要和他對話的事情吧！就算要進行對話，也盡量以書面的方式溝通。因為工作而不得不開會時，為了減少和他單獨面對面的時間，可以找其他人一起進行會議，或者透過組員、下屬間接溝通。

不過如果因為各種條件而無法改變和他對話的環境本身，建議可以思考一下如何改變自己的態度和話語。如果在這段期間，我時常用軟弱、被動的語氣說話，那麼為了往自己的話語裡注入力量，可以嘗試放低聲音，結合數字、證據、例子等來改變話語的結構，或者留意穿著等方法。

同時也思考一下我平時的對話習慣當中，有沒有需要改正的部分吧！回想一下我是不是有一些壞習慣，例如，沒有專心聽對方說話、總是在想別的事情、突然提莫名其妙的問題，或插嘴說不必要的話而浪費了時間等。

就算是能言善道的人也不可能在每天、每個瞬間都進行完美的對話，因為對話方法每次都會根據對方是誰、在什麼情況、自己的情緒如何而改變。任何人都可能在說話的時候失誤，也可能在無意中受傷或傷害到他人。**重要的是，即便在那種時候也要試著相信自己，因為我們擁有力量治癒因話語造成的傷痛。**

Chapter 3

從立場差異到立場「加法」
人是如何被說服的

基礎練習就到此為止，現在該正式開始學習話語公式了。什麼時候會發生需要加減乘除的對話呢？答案就是在兩者利益交雜在一起的情況之下。比起像是家人或朋友的關係，話語公式在進行有關錢等的交易關係當中更加耀眼。

我第一次發現話語公式的時候，正在商學院學習利益關係中使用的對話方法。本來在美國公司教育組工作的我，在二〇一二年收到了歐洲某間商學院協商研究所的講師邀約。身為企業的教育負責人，我正好奇什麼樣的話語會吸引人，以及什麼樣的話語會疏遠人的時候，剛好獲得了這個好機會。

在那之前，我認為協商只有在企業併購的時候才會用到，但是在研究所遇到的協商截然不同。當我意識到在日常生活中的任何時刻都可能會用到協商時，覺得非常空虛，因為以前的我認為協商很困難又複雜，早早放棄了很多機會，因而造成了許多損失，現在看來非常惋惜。好，現在我想邀請各位參加這堂讓我獲得了話語公式線索的協商課。

＋

商學院的第一堂協商課。

在圓形劇場結構的教室裡，學生們懷抱著雀躍的心情坐在書桌前，想著在這堂有生以來第一次聽的協商課程中，究竟會學到什麼。現在我們將在一個學期間，學習有關協商的心理、物理和邏輯方法論。

因為這是第一節課，所以我想先知道你們是怎麼理解協商再開始。教授問了眼睛睜得圓圓的學生們三個問題：

1. 對你來說，協商是什麼？
2. 你最後一次協商是什麼時候？
3. 在目前爲止的經驗當中，你覺得最難應對的協商對象是誰？或者最困難的瞬間是什麼時候？

學生們聽到問題後，認真地在腦海裡想出了自己的答案。正在讀本書的各位也一起回答看看吧！你回答了什麼呢？

雖然沒有正式統計過，但我聽到的學生們的回答，根據年齡或職等略有不同。首先，二十歲後半到三十歲出頭的學生們毫不猶豫地回答：「協商就是跟錢直接有關的事情。」越是剛踏入社會的人，越會把協商定義為跟錢有關的問題。然後第二題和第三題，他們的回答是「與公司或上司進行的（但留下遺憾的）年薪協商」。

那麼三十歲中段到四十歲出頭的學生會怎麼回答呢？可能因為他們已經累積了好幾次年薪協商的經驗，所以他們的回答比二十到三十多歲的學生更加多元，尤其很多回答都與職場生活相關。他們表示，管理和領導自己負責的團隊或下屬都算是協商。這可能是因為若二十多歲的人會要求年薪協商，那麼三十到四十多歲的人就差不多已經處於可以調整部門員工年薪的位置了。這個年齡區間經常把協商解釋為發揮領導能力的過程，而非金錢交易的手段。

四十歲中後段到六十多歲的學生，從更廣泛的觀點定義了協商。他們說：「人生本身就是協商！」他們把人生的所有瞬間解釋為協商的延續。也有學生回答說，與家人的對話、傳給同事或前後輩的問候訊息，甚至去海外旅行時跟陌生人問路等，都屬於協商的一環。

所有的回答都沒錯。重點是，雖然教授只問了協商的意義，卻出現了這麼多樣的回答，可見協商的意義非常廣泛，在日常生活中需要協商的時刻比想像中還要多。

例如，我們來想像一下一家人一起休假去旅行的情況，要去哪裡玩呢？高中生弟弟想去東南亞的度假勝地；大學生姐姐想去歐洲；媽媽想去拜訪住在美國的阿姨和親戚們；爸爸不想去國外，只想回故鄉好好休息、見見朋友。這種事情很可能會發生在我們周遭吧？如果每個家人的想法都很明確，也都有各自的理由，就很難互相讓步。

換成下面這種例子怎麼樣呢？儘管兩人在談戀愛的時候，所有事情都可以互相配合，不太會起意見衝突，但如果是約定婚嫁的話，很多時候情況就會有所改變。婚宴場地、結婚嫁妝、準備新婚房、小孩的學校問題、節慶時應該先拜訪哪裡等，很多不同的爭吵事項就會出現。**像這樣的立場差異隨時隨地存在，而在縮小意見差距時，很有用的工具就是協商。**

為了學好協商，需要對「人是如何被說服的」有基本的認識，而且一定要記得，在說服某人的對話中一定需要加法。也就是說，不要從對方手中奪走什麼，而是應該透過加入他需要的東西來引導對話。意即不要排除對方的立場，而是應該透過加入我的立場，在對話當中搶占先機。

那麼應該加給對方什麼東西呢？很多人對協商產生的誤解之一就是「給出越有魅力的數字，協商就會越順利」。一大筆金額真的可以彌補立場上的差異嗎？問題並沒有那麼簡單。你應該曾經從朋友或同事那裡聽過以下這些話：

「錢並不是人與人之間的全部吧？」

「那個人什麼都想用錢解決。」

「就算會賠一點錢，我也不想那樣交易。」

如果只著重用金錢或數字來解決立場差異，反而可能會破壞關係。給對方很多錢，就代表自己可以一直獲得比他人更多的好感嗎？用比競爭企業更低的價格供貨給客戶，就代表客戶一定會和我方簽訂合約嗎？在度假勝地買紀念品之類的一次性交易當中，價格當然是達成協商的最重要因素，**但如果不是只見一次面便結束的關係，數字可能就不是最關鍵的重點，因為參與協商的每個人重視的價值可能都不同。**

我認識的一個前輩透過長期的月租生活，學會了和房東建立起良好關係的方法。每當到了兩年一次的續約日期，不管是什麼樣的房東都會拜託前輩：「我不會調漲房租，你再多住一陣子吧！」甚至戰戰兢兢地擔心他會搬到其他地方去。

雖然前輩是房客，卻把租屋當成自己家進行徹底的管理。如果家裡發生問題，他就會馬上和房東商量，積極地處理。另外，他每六個月就會拍一次家裡的每個角落，用簡訊進行中期報告，這就等同於告訴房東自己是如何管理租屋的。

前輩說，這個舉動是理解房東立場的過程，因為房東會想知道房客是怎麼使用租屋的，也會擔心自己的房子有沒有被毀壞。他在兩年的租期裡，總是一邊為協商做準備，一邊慢慢地加入自己的立場。前輩說，那兩年的過程中，更準確地說，在那段期間偶爾傳給房東的訊息和幾張照片，就是凍結房租最切實的方法。通常我們認為房東一定更喜歡多付一點錢的房客，但那個法則不一定永遠適用，也就是說，有些房東即使少收一些月租，也還是更喜歡與誠實、不惹麻煩的房客簽訂租約。

協商年薪的時候也同樣適用加法公式。在招聘新員工時，人事主管當然想少付一點年薪，但那並不代表喊出最低年薪的人就會成為最佳人選。反而如果遇到了合適的人選，就算要拿出沒有的預算，公司也會努力湊到那個人希望的年薪。

因此，沒有必要因為無法給予對方想要的而氣餒。只要給想尋找可信任的房客的房東，多加一點信任；給想尋找合適人才的人事主管，多加一點自己的才能就可以了。那麼不僅沒有必要多給房租，也沒有必要降低年薪要求，還可以擺脫不多交房租就會被趕走、要求高年薪就可能會被人事主管盯上的這種毫無根據的恐懼。**不要製造立場差異，而是需要增加立場，這就是話語公式中一定要記住的加法原理。**

Chapter 4

話語中包含了什麼價值？在主管的話語中加入力量

十八年前，我的第一個職場是在韓國光化門的一間小型外國公司，我負責的工作是填補請產假的人事部經理的空缺。因為公司本來的規模就很小，所以公司的人事部負責者只有我一個人。

雖然有接受了兩個星期的交接訓練，但是我才剛從研究所畢業，獨自處理一間公司的所有人事業務並不容易。剛好那時候是年初評價員工整體業務成果並決定相應的年薪和獎金的時期，必須謹慎地處理各種事項。整理數十個文件、公告教育專案、與其他分公司的人事部開會，這些工作既讓人興奮又忙得不可開交。所有的業務都要用英文整理和溝通，因而更加困難。雖然這對於剛踏入社會的新人而言，是一個可以學習實務的難得經驗，但我很怕自己會做錯什麼，給選擇了我的分公司主管和經理造成麻煩，所以每天都留到很晚，重複地確認當天的業務。

有一天，我收到了一封來自某個部門主管的電子郵件，內容是在詢問每年年初都會向各部門確認的部門教育預算，為什麼今年沒有消息。我讀著每一字一句，腦袋裡變得一片空白。

我收到那封電子郵件的時候，已經調查並計算完部門整體的教育費用，甚至報告給在香港的教育組了。我仔細回想為什麼會發生這種事情，糟糕！不知道怎麼回事，麻煩各部門主管回報部門教育費用的電子郵件，我唯獨少寄給了那個部門主管。也就是說，只有那個部門主管的部門沒辦法拿到教育預算。我急忙聯絡香港，但得到的答覆卻是數據已經全部轉交給歐洲的總公司了，所以很難再修改數字，現在如果要再修改那個數字，就必須經過好幾個人重新確認預算。

職場資歷只有兩個月的我，心情跌到了谷底。我很害怕那個組的所有員工會不會因為自己而無法接受教育？公司會不會因為這個失誤就把我趕出去，從明天開始不能上班？我不知道該怎麼辦，急得直跳腳，最後只好打電話給請產假的前負責人，說明了原委。她嘆了口氣說：

「妳馬上親自去向那位部門主管道歉，拿到今年的資料，然後寫電子郵件給香港和歐洲總公司，請他們一定要反映出這個數字。」

我緊張得吞了吞口水，在口乾舌燥的狀態下，去了部門主管的辦公室。

「主管，真的很對不起，我不小心漏傳了通知郵件。看到您寄給我的郵件後，我才發現您的部門教育費用沒有上報。雖然我應該要確認清楚的，但因為這是我第一次做這個業務，還很不熟悉，所以無意之中出錯了，真的非常對不起。希望您現在可以給我資料，我無論如何都會想辦法再次向上面報告的。」

部門主管聽完我的話之後，看著我的眼睛，讓我坐在書桌對面的椅子上。我怕他會喝斥我，或者大聲指責我的錯誤，揪著一顆心焦慮地望著地板，但是他卻用沉穩的語氣對我說：

「我剛進公司不到三個月的時候，也犯了和妳非常類似的錯誤。我應該要製作好重要的資料再向上級報告，但直到所有資料都完成且過了好一陣子，我才發現有一筆資訊沒有放進那個資料裡面。最後即使會挨罵，我也覺得應該要盡快讓這個狀況可以正常結束，所以跟上司說明了原委，並開始大規模的補救工作。

「妳應該知道，妳的失誤導致現在很多人需要做兩次作業吧？更重要的是，妳必須清楚地意識到那個不便是因自己的失誤所造成的，也就是說，有人因為這件事需要多犧牲一些寶貴的時間，有人則需要替妳向別人道歉。只要妳學到了自己的失誤與他人的時間、努力有關，那就可以了。任何人都會犯錯，但不是任何人都會學到教訓。下次多花一點心思，在工作上多確認幾次吧！那樣就可以了。」

認為就算被罵也無話可說的我，在聽到部門主管的故事之後，才終於抬得起頭來。

在那之前，我以為在指責某個人的錯誤時，用激昂的聲音大發雷霆是很理所當然的事情。那時候，我相信就算會稍微侮辱聽者的人格，那也是出錯的人應該付出的代價。在那個時期，與部門主管的對話給我帶來了全新的衝擊。

當時，我從來沒有被誰的建議所感動過，我聽過的建議只有像是「在我那個時候如果用這種方式工作，文件夾早就飛過來了！」這種倚老賣老式的說詞（十六年前的職場文化就是這個樣子）。但是那天我聽到的忠告裡，沒有任何侮辱、輕蔑和批判。

部門主管的建議當中也有對於失誤的嚴厲指責，但是在聽到那些指責後，比起難過，我反而開始思考以後應該如何提升自己。過了很久我才知道，部門主管親自向香港和歐洲總公司道歉，說是因為自己沒有更仔細注意才出了差錯，袒護了我。

可能因為那個時期的我的自尊心就像洩了氣的氣球一樣萎縮得快要不見，所以那天的建議真的為我帶來了很大的力量。這件事情讓我確實學到在指出別人的錯誤時，應該強調哪些部分以及應該如何安慰人。

+

從第一間公司開始算起的十八年間，我獲得了和許多公司工作的機會。二〇一一年，我在位於新加坡的一間公司就業之後，開始和國籍不同的經理、下屬、同事一起工作。透過這個機會，我近距離地觀察到其他國家的人是怎麼工作的。

我體悟到了好幾次，各式各樣職場文化之間的對話、指責對方時的對話、有時候是為了糾正而進行的對話，這些對話可能讓兩個人的關係變得疏遠，也可能反而變得更親近。就像之前提到的例子一樣，我遇過指出對方的錯誤，卻不失品德和尊重的同事，也遇過稱讚對方卻因沒有抱持真心，反而被說壞話的上司。在這個過程中，我認識到了三件有關主管話語的重要事實。

第一，職等和語氣的重量並不總是成正比。在職場上分享的話語素質，並不一定受說話者的學歷、性別、年齡、社會地位左右，有些情況是那個人的職等和說出的話語重量成反比。我有看過資歷很深的大企業幹部在協調組織成員之間的意見時手足無措的樣子，也有看過由大學剛畢業的社會青年組成的新創企業當中，所有人都對討論結果很滿意的情景。意識到這一點之後，我決定拋下偏見和期待，以全新的心態面對所有的對話。

第二，懂得話語重量的人稀少而珍貴。請問在過去五年裡，各位見過幾次像我在第一個職場上遇到的那位部門主管一樣，懂得話語力量的主管呢？即使算上這十八年間和我一起工作的職員和上司，那種經驗也屈指可數。也就是說，很少有人能夠讀懂人心，透過說服來促成變化。我也會問自己，是否有用正面的對話讓在社會上遇到的許多人記得自己，以及是否有在對話中試著理解他人。

第三，主管要傳遞的是心意而非毒藥。和部門主管的對話之所以讓我印象深刻，是因為他的真心有傳遞出來。他想要幫助剛步入社會的新人不會再次犯下愚蠢的錯誤，這份好意確實傳給我了。就算再過十八年，我也不會忘記這段對話。

話語不是只會在聽者心上留下溫暖，也會留下刺痛的傷口。請再次回想一下自己講出來的話語當中，包含的是心意還是毒藥吧！

Chapter 5

如果在我的話語中立起穩固的支柱

測量話語的力量

各位應該從小開始就聽過很多有關話語的俗諺。仔細想想，話語擁有的力量就好像超級英雄的超能力。話語能夠還千金債，話語沒有腳卻能走千里，話語也能成為種子發芽。我們每天都在無意識中說話，時常忘了話語的珍貴，但話語其實是人生中最有用的一門技術。

「他真的很會說話」、「他說話可真好聽」、「他就只會說話」，這三句話的意義各不相同。第一句是正面的評價，後兩句的評價則越來越負面。大家都想把話說好，但很神奇的是，沒有人想要只會說話。關於這兩者的差異，究竟是什麼呢？

為了讓口才變成超能力，需要兩個支柱。沒有支柱，話語就等同於失去力量。

＋

第一個支柱是「心思」。無法定義自己是以什麼心思說話、抱持著什麼目的，就無法把話語傳達給對方。

幾乎沒有聽者會傾聽只站在說話者立場的話語，即使說話者抱持的心思是「我都是為你好才說的」，但聽者絕對不會那麼認為，反而會反駁說：「你說那種話還不是為了想讓自己好過一點？」

在說話之前，需要先檢查一下我的話語當中承載著什麼心思，以及我想透過這句話和對方達成什麼目的。如果抱持著「我會贏，而你會輸」的心思是無法說服他人的。如果沒有「我想理解你並幫助你」、「我想找到跟你合作的方法」等尊重對方的心思，話語就會失去力量。

第二個支柱是「行動」。很少人會把「你就只會耍嘴皮子」、「你就只會說說」當成是稱讚，因為這些都是在譏諷只說不做的情況。

我們來想像一下有五個人一起執行一個重要的專案，那是一個需要連續加班一個月的大型專案。如果五個人都能做好自己的份內工作，那當然最好，但情況總是不照我們的意願發展，一定會出現老鼠屎。

那個人沒有在期限之前傳送已經說好要分享的資料，雖然嘴巴上說著「我會為了小組成果盡力的」並投入專案，但那都只不過是好聽話而已。偶爾準時完成了資料，他就會馬上向組長報告自己的成果，是不是感覺很討厭？最典型的情況就是言行不一，此時的話語會降低他人對於說話者的評價，話語反而比沉默還要輕薄。

為了把話說好，一定要確認是否有心思和行動這兩大支柱。在說服或協商等需要用話語挽回對方心意的時候，更是需要這兩大支柱。

那麼要在什麼時候，以及怎麼準備這兩大支柱呢？光靠下定了什麼都願意做的決心，就可以提高說服力嗎？恐怕不是。

因此我整理了二十個題目，用來檢查心思和行動是否有成為自己話語的可靠支柱。這個清單針對可以讓對話順利進行的重要因素進行了分類，確認這些因素是否有在各個階段正常發揮，能從而提高說話能力。

請先逐一查看題目，依據我現在的狀態，在空格裡寫上1分（非常不符合）到5分（非常符合）後，合計總分。分數越高代表話語的力量越強。

號碼	順序	題目	分數
1	對話前	在對話之前，先在腦海中想像對話會如何進行。	
2		我很清楚即將和我對話的對象最想要的東西（情緒、物質、關係上的支持等）是什麼。	
3		我很清楚即將和我對話的對象對什麼（時間、金錢、人際關係等）非常敏感。	
4		根據需要，我會先詢問熟人或者在網路上搜尋等，提前調查即將和我對話的對象資訊。	
5		儘管對話的主題很難，我也會鼓勵自己，我可以沉著地解決的。	
6		提前準備幾種方法，以應對與對方立場出現差異的情況。	

7	對話中	在開始對話的時候，先寒暄、問候並詢問對方的心情。	
8		和對方一起確認對話的主題和議案後再開始對話。	
9		對方開始說話時，先仔細傾聽他的立場和情感。	
10		即使對方脫離對話的主題，也不會驚慌失措，引導對話回到原本的目標並結束對話。	
11		即使對方在對話中提出反對意見，也會保持平常心，整理好情感並表現出來。	
12		當對方的情緒變得激動時，我不會動搖，而是退一步判斷並應對情況。	
13		透過各式各樣的提問，從多方面聽取對方的邏輯和根據後，做出正確的判斷。	
14		在理解對方立場的同時，沉著地說明自己的情感和邏輯。	

15	對話中	加入詳細的例子、說明和根據，讓對方能夠理解我的邏輯。	
16		如果因為意見衝突而說服失敗或協商破裂，我會提出合適的替代方案。	
17	對話後	整理對話時感受到的情感。	
18		即使不是我想要的結果，也會友善地整理好狀況並維持關係。	
19		如果是需要更多對話的議案，我會和對方一起決定如何進行下次的對話以及如何整理結論。	
20		對話結束後，寫下對話的內容和結論並留下紀錄，根據需要，透過訊息或電子郵件分享給對方。	
合計			

你給自己多少分數呢？就算拿到了低分也不需要氣餒，因為我們之後會一起學習有關各種題目的話語公式。透過本書，我們將可以克服自己和對方的立場差異、減少矛盾、互相理解，並且學會能夠滿足彼此需求的對話。

如果要我再說一個訣竅，那就是把讀完本書後學到的內容，直接應用在現實生活當中吧！如果持續一、兩個月左右，覺得說話能力有所提升的話，就重新回到這一頁來評價自己。例如，在六月第一次填這個問卷，那麼八、九月時就要重新觀察自己有哪些部分變好、哪些部分停滯不前。光是了解自己在平常對話的時候，覺得哪些部分很困難、哪些部分做得不好，就已經等同於找到一半的解答了，因為大部分的人連自己在說話時有什麼問題都不知道。

當然，也可以把這個問卷貼在日記本前、書桌前等等你經常會看到的地方，在實體見面時、講電話時、線上面談等等需要和誰交談之前，當作準備資料使用。當你需要在公司裡和不好應對的對象開會時，或者是在重要的面試開始之前，就算只有短短幾分鐘，也請先確認一下清單，記住其中幾個想要練習的題目，再開始對話吧！這種小小的嘗試會讓各位的話語力量和看不見的話語肌肉逐漸變得結實。

暫時減掉想說出我的立場的心思，
這就是話語的第一個減法公式。
只要熟練地察覺隱藏在對方內心的需求，
就足以製造出令人滿意的結果。
我表面的需求和隱藏的需求、
對方表面的需求和隱藏的需求，
只要把這四個因素放在心上，對話就會變得更有趣、更有創意。

Part 2

減法

減少失誤，
減去誤會

Chapter 6

積極提問，深度傾聽

打開對方心扉的最快方法

我想問一個問題：你有因為和某個人對話而感到不愉快的經驗嗎？那時候是因為對方的什麼行為讓你心情變差呢？我在課程上提出這個問題時，聽到的回答如下：

1. 不理解我的心情和情感，扯開了話題。
2. 不聽我把話說完、打斷我的話或總是插嘴。
3. 不顧前後就直接顯露出自己的負面情緒或不快的臉色。
4. 完全不試著認同我或理解我，只顧著堅持自己的主張。

5. 不試著尋求解決辦法，只講出不滿之處。

你想到了什麼樣的回答呢？或許你也有和這五個例子類似的經驗。現在再深入一點探討吧！在這種情況下，各位有專屬於自己的問題解決訣竅嗎？

如果每個人都懂得成熟的對話禮儀，就可以互相理解和體諒，也可以交換意見，但很遺憾的是，我們身邊無法做到的人更多。**讓這麼難以對話的對象站在我這邊的最有效方法就是，「積極提問，深度傾聽」**。

或許有些人會問我，那是什麼意思？事實上，人類基本上都有「希望自己的存在得到認可的欲望」，為了滿足這個欲望，我們努力讀書和工作。這種欲望對於建設社會、朝向更好的方向發展，發揮了很大的作用，但欲望並不總是以健康的方式發洩出來。

尤其是希望自己的存在得到認可的欲望，如果在對話中透過錯誤的方法發洩而出，就會發生很像前面列出的五個例子一樣的事情。這全都是因為「請再多認可我一點！」的欲望，沒有被適當地表現出來而產生的錯誤。如果參與對話者之間的平衡被打破了，立場偏向一方，那就只會成為一場鬱悶的對話。

有些人只重視自己的意見，只為自己想說的話提高音量，如果對他們說：「你太情緒化、太吵了，可以冷靜一點嗎？」會怎麼樣呢？那個人大概會火冒三丈，想要指責各位。他非常可能會曲解你想要讓對話順利進行下去的意圖。和這樣的人對話時，我們需要防禦工具，以免讓自己受傷。那就是「積極提問，深度傾聽」。

「積極提問，深度傾聽」是在對話不順利的時候，建議對方多說一點的方法。但這並不代表無限制地給予發言權，而是一種安慰對方，讓他可以有條不紊地表達自己想法的技巧。

「積極提問，深度傾聽」的第一個要素就是積極地提問。當對方只往消極的方向思考或激烈地表露出情緒時，我們提出的問題就需要成為讓對方冷靜下來的韁繩。

提問和回答的順序如下。首先，在開始提問時，與其直接說：「我要問一個問題。」不如委婉地說：「我想要確認一下幾個要點，可以嗎？」突然被問問題可能會覺得自己被審問而感到不快，但是如果表現出來的態度，看起來有在努力理解對方經歷過或者正在經歷的困難，那麼就可以打開對方的心扉。

一定不會有人討厭他人說要傾聽自己的故事，因為大部分的人都喜歡說自己的故事。雖然每個人都有不同程度的差異，但一旦覺得對方有在傾聽自己的情感和想法，就會對他敞開一點自己的心扉，也會想起提問者同樣也是這個對話的主體。另外，我們也會意識到自己透過提問賦予了對方說話的權利。

那麼應該問什麼呢？當然就是現在對話的爭論焦點、那個人認為的問題原因和結果，以及那個事件造成的損失等。提出這部分的問題後，如果對方開始訴說自己的想法，我們就應該在旁邊幫忙整理。當對方講話一直在繞圈子，找不到頭緒的時候，我們就應該提出可以讓說話者整理思緒的問題。確認這三個要素的問題例子如下：

1. 事件的原因和結果：我可以理解爲是因爲這個問題才發生了那些事情嗎？

那我可以把問題的原因想成是XX，結果想成是YY嗎？

2. 情感和心思：那時候的那件事很傷感情也讓你傷心了吧？

3. 損失：就是因爲那個部分，所以才會造成這些損失吧！好的，我知道了。

為對方提供名為提問的機會，對方就會下意識地盡力整理自己的想法並說出來，透過這個過程讓對方說出自己的所有意見。

像這樣，提問起到了韁繩的作用。好的提問代表其本身具有改變方向的力量，可以讓原本想要看心情隨便說話的人，放慢了速度，也能幫助對方將分散的想法聚集在一起，冷靜地整理因誤會而變得劇烈的情感。

「積極提問，深度傾聽」的第二個要素是深度傾聽。深度傾聽與提出一個好的提問一樣重要。無論提出的問題有多麼細心，如果讓回答問題的人感到「原來那個人沒有在聽我說話」，那就沒有任何用處了。

說話者收到了提問，正在努力說明自己的想法和立場時，前面的人卻在查看手機訊息，或者和旁邊的人聊天，那麼說話者會有什麼樣的心情呢？會不會想解開用提問圈緊的韁繩，再也不想看到那個人呢？不聽回答，還不如不提問，因為問了又不聽就是故意無視對方的一種信號。

最有效的傾聽方法就是經常向對方發出「我在聽你講話」的信號。簡單來說，就是肢體語言。一邊聽說話者的話，一邊與他對視或點頭即可。如果很難從正面對視，也可以看臉的其他部位、頭髮、肩膀等。根據對話的情感曲線，聽到令人惋惜的內容時，也可以偶爾將視線朝下再往上。

比肢體語言更強而有力的傾聽方法就是「摘要和反覆」。聽對方講了五分鐘的話之後，「所以說，就是發生了這種事情嗎？」、「你那時候聽到了這種話？」、「讓我整理一下……」透過這種方式把對方的故事照在鏡子裡面重新呈現出來，那麼對方就會感受到他人有在傾聽自己的話，因為這樣等同滿足了說話者想得到認可的欲望。摘要和反覆並不是專注於聲音的淺層傾聽，而是需要專注於脈絡和內容的深層傾聽。話者藉此可以充分感受到被理解的安心感，並且平復激動的情緒。

誤會越深，情況越複雜，就越需要透過提問傾聽他人話語的能力。請先讓對方傾訴，「雖然我也有自己的立場，但我會先聽聽你的說法」，就用這種心態反覆提問和傾聽吧！

暫時減掉想說出我的立場的心思，這就是話語的第一個減法公式。當意識到自己和對方的情況不同，抱持著相反的意見時，先聽取對方的意見很重要。因為一邊傾聽對方的話語，一邊思考我的立場，就可以準確地掌握兩個立場的決定性差異是出於什麼問題。為了鍛鍊話語的肌肉，必須在正確的地方出力。要想做到這一點，首先需要準確地了解對方現在覺得哪個部分最難受、最痛苦。

因為我的立場更重要，所以應該從我先說，這種先發制人的方法很危險，這反而是一個可能暴露自己所有缺點的脆弱方法。聽完對方的立場後，再說自己的說法也還不遲，因為越是讓對方說得越久，當提出「我已經聽完你的說法了，現在可以換我說了嗎？」的詢問時，對方就越不可能回答：「絕對不行。」尤其是一對一協商的情況下，透過提問讓對方多加展現他的招式，盡量推遲自己說話的順序，像這樣不公開我的底牌就是一個好的策略。

在對話中，比較晚說話的人通常較有利，這就是為什麼提問者和傾聽者最終會成為懂得話語力量的人的原因。

Chapter 7

減輕無力感

如果想擺脫「反正說了也沒用」的泥淖

這是將近二十年前，我大學時期的事情。我曾經在一間補習班教國、高中生英文，為了引起學生對課程的興趣，我記得我整晚都在研究教材，準備適合孩子們的色彩繽紛的資料。幸好當時我負責的學生們都有好好跟著我的腳步，努力地學習，家長們也很滿意我的課程，聽課的學生越來越多。

我抽出一年左右的時間在補習班教課，後來為了考研究所，決定辭職。我定好辭職日期，順利地結束最後一天的授課，但是辭職一個月之後，我查看了存摺，發現最後一個月的薪資沒有按時入帳。

過了一天、一星期，直到又過了一個月，我才終於傳訊息給補習班主任並打了電話。我尷尬地問候一下，提起被拖欠的薪資，但電話另一頭的聲音卻很冷淡。我聽到遲早會把薪資匯給我的答覆後，結束了對話，但是那個月錢依然沒有入帳。

經過漫長的等待，過了三個月我才終於收到了薪資，但是存摺上的金額不到原本應該收到的金額的一半。我再次打電話給補習班主任詢問了原委，主任的邏輯是因為我辭職後，需要再找其他老師，所以會有費用支出，這個損失應該要由我來承擔。要是現在的我聽到那種話，一定可以馬上應對，但那時候的我不知道該怎麼辦，只能一邊嘆氣，一邊委屈地忍住眼淚。

主任是和我一起工作一年的上司，而且還是比我年長二十歲的前輩，他帶給我的這個經驗非常苦澀。努力工作就會得到應當代價的信念就此崩塌，對於曾經信任的人的失望感和背叛感，持續了很長的一段時間，甚至直到經過了二十多年，我還能夠回憶起來並且寫到書上，可見當時受到的傷害至今仍深深地留在心中。

當時補習班裡大部分的老師都和我一樣是大學生，而且我後來才知道，很多老師辭職後都有和我類似的經歷。雖然拖欠薪資是違法的，但包括我在內的老師們都不知道該怎麼說服以各種藉口逃避的補習班主任，因為儘管我們已經成年，但畢竟都還只是經驗不成熟的學生，即使遭受虧損，也不知道如何主張自己的權益，而且還在說服上受挫，讓沒必要留下的傷害長期留了下來。就算只拿到一半的薪資，也沒辦法再開口要求剩下的一半，陷入了「反正要了，主任也會找各種藉口不給」的這種「習得的無力感」。

習得的無力感是指對於「就算努力了，結果也不會改變」的相信。假設把狗關在小籠子裡，每當那隻狗想出來的時候，就會遭到電擊，導致原本想出來的狗受到苦痛，嚇得重新躲回籠子裡。以這種方式重複電擊狗，最後牠就會放棄逃離籠子，即使不再施以電擊，牠也不會逃跑。這是因為狗透過痛苦的經驗，學會了無力感。這個原理也適用於人。

我考慮了很久，再次打電話給主任，向他索取積欠的薪資，然後這次得到的回答是，補習班這段期間的經濟變得很困難，傻乎乎的我完全不知道該怎麼應對。雖然不知道那句話是不是真的，補習班的情況不好也不是我的責任，我卻莫名其妙產生了罪惡感，覺得很抱歉。向主任要求勞動的應當代價，卻得不到任何表示，看著這樣的對象，我就好像被關在籠子裡的狗一樣，內心崩塌了。「反正我的話根本沒用。因為我沒有力量，所以才會被無視。」我的內心對說服本身產生了挫敗的意識。

—

我在教說服和協商相關課程的時候，學生們一定會提出這樣的問題。雖然已經透過理論和練習學會了如何說話和接近，但是真的遇到難以對話的人時，能不能順利開口還是一個問題。也就是說，雖然頭腦知道，但沒有勇氣實行。擔心自己會不會像以前一樣再次受傷的時候、懷疑自己的意見是否真的能打動對方的時候，以及有一道看不見的柵欄圍著我們的時候，該怎麼做才好呢？

第一，覺得無法前進的時候，比起獨自想辦法解決，不如積極地向他人求助。讓我們再回到之前提到的實驗吧！如果讓狗重新學習到，就算把腳踏出籠子外也不會遭到電擊，會發生什麼事呢？雖然一開始狗很害怕，但是一旦知道所有過程都是安全的之後，牠就會勇敢地逃出籠子。

各位的情況也一樣。如果沒有勇氣一個人找回心理上的安定，沉著地分析現實，再次重新挑戰，就應該尋找可以幫助自己擺脫自己製造的心理牢籠的幫手。諮商師、前輩、家人、朋友，只要是可以讓我們重新產生疑問和挑戰意識的人，任誰都可以。我們可以從已經解決類似的問題並逃離籠子的人身上，獲得有用的線索。

第二，透過很小的嘗試，慢慢地化解無力感。如果狗還沒做好準備朝外面伸出腳，就強行抓牠出來，反而會讓牠更恐懼，再次躲回角落裡，所以速度很重要。如果覺得很難說出口，但可以接受用電子郵件表達想法，那今天就以這個為目標吧！之後再透過訊息、聽得到聲音的電話，直到面對面的會議，一步一步慢慢地前進。

在對話中，並沒有面對面最有效、訊息則效果不好的法則，因為不同的情況需要的溝通工具也不同。另外，每個人應該使用或者不應該使用的工具也各不相同。有一些人認為面對面說話很容易，但寫一封有邏輯的電子郵件卻很難；反之，也有人覺得用訊息聊天很自在，但看著某個人的眼睛說話卻很困難。

不管是什麼樣的人，都需要給自己一個值得跨越的課題，也需要養成習慣，幫努力達成那個課題的自己加油。在給自己的課題當中，慢慢觀察對方的反應並進行溝通吧！

在心理學中，能夠戰勝習得的無力感的力量被稱為自我效能（Self-efficacy），即相信自己完全可以完成被交代的事情。自我效能可以透過經驗得到強化，而從某種角度來看，自我效能的習得方式可以說與習得的無力感一模一樣。

要透過經驗強化無力感還是自我效能，取決於個人的選擇，這就是為什麼聰明地設計和解釋經驗的能力很重要。

第三，思考一下在平常對話時經常犯的錯誤是什麼，並找出克服方法，反覆學習。無論再怎麼會說話，都還是有各自難以駕馭的主題。我遇到的很多顧客和學生都說，談論金錢或數字，尤其是年薪、升遷、獎金是一件很痛苦的事。擁有三十年資歷的大企業主管和專業從業人員也都表示，創立自己的事業後，向顧客要求諮詢費用非常困難。雖然以前曾為公司爭取過數十億韓元的預算，卻還是覺得要求自己應該收取的數十萬韓元諮詢費用非常彆扭。與此相反，在超商打工的學生卻懂得顧好自己的權益。

我們應該思考一下，自己對什麼樣的對話主題感到吃力，還有在談論這個主題的時候，多花一點心思。另外，為了不重複犯類似的錯誤，請犀利地探討自己的對話習慣。

話語當中也有肌肉，只有經常鍛鍊，肌肉才會變得結實。如果因為困難或不便就逃避，最終我們的話語就會變得消瘦。希望各位可以透過這三種方法，從習得的無力感泥淖當中擺脫出來。

最後，上面提到的那位補習班主任被一位老師舉報違反勞動法，他才承認了自己的錯誤。舉報主任的老師是在補習班工作的老師當中，最晚加入的一位。當時二十多歲的我都沒能好好解決這個問題，消耗了感情，但是剛滿二十歲的這位年輕老師卻揭發了主任的違法行為。

那位老師透過電子郵件將自己舉報主任的過程和結果，仔細告訴了一起工作的其他老師。我一邊讀著郵件，一邊覺得壓在心上十年的重量好像消失了。其中有一句話讓人突然清醒過來，我至今仍記得那句話：

「對方踩著我的腳，我卻不喊痛，那並不是對我和他的體貼。」

Chapter 8 減掉多少就補足多少

察覺藏在要求背後的需求

各位剛從凌晨批發市場買了最好的水果回來，打開店裡的燈，擦去沉積的灰塵後，擺好橘子、奇異果、葡萄和梨子等。

很可惜，今天沒有買蘋果回來。蘋果是客人最常買的水果，但可能是受到梅雨的影響，今天蘋果的價格特別貴，品質也不太好。幸好其他水果的狀態還不錯，價格也沒有太大的變動。

早上九點，媽媽帶孩子去幼稚園的路上，順便走進了水果店。看著客人們心情愉快地望向並排放在架上的水果，感覺今天的生意終於要開始了。但媽媽卻一邊掃視著水果，一邊這麼說：

「哎呀！我本來想要買蘋果的，今天沒有賣蘋果嗎？」

現在來看看銀樓的情況吧！假設各位是製作銀製品的珠寶設計師，各位經營的店位於年輕人經常去的繁華鬧區，大學生是主要的客群。商店考慮到學生們並沒有那麼多錢，從低價到高價的各種銀製品都有製作並販賣。

快到情人節的時候，各位熬夜設計製作出各式各樣的產品，展示在櫥櫃裡。情人節的前一天晚上，一名年輕男子在店裡看了一圈，這麼問：

「不好意思，我想買一條金項鍊，這裡沒有賣嗎？」

好，假如各位是水果店的老闆或珠寶設計師，你們會怎麼應對這些問題呢？也就是說，當無法馬上滿足對方的要求時，應該要怎麼回應才好呢？

最簡單的回答就是「沒有」，因為這是事實啊。很遺憾地，那天沒辦法在批發市場買到好的蘋果，而我們經營的是銀製品專賣店，當然不會有金項鍊。那麼「沒有，請去其他地方買！」這樣回答就可以了嗎？那就是讓我和對方都滿意的最佳解答嗎？

或許不是。那正是需要察覺對方需求的時刻，就像我剛才提到的例子一樣，當我無法馬上實現對方想要的事情，或者我沒有對方想要的東西時，就是需要協商的時候。如果把問題變得更複雜，再加上以下這些矛盾，會怎麼樣呢？

1. 客人只想要A，但我沒有A，所以最後沒辦法留住客人。
2. 爲此，我準備好了A，但無奈的是，其他客人想要B。
3. 依照客人的需要，我準備好了A和B，但銷售業績仍然不好。
4. 雖然店裡沒有客人想要的東西而完全無法進行協商時，很令人傷心，但具備客人想要的東西卻仍無法實現交易時，也令人感到無力。我們到底需要努力到什麼程度呢？

當難以提供對方想要的東西時，我們需要的態度如下：

「雖然無法滿足你的要求，但可以滿足你的需求。」

想要購物或交易的人都很清楚自己想要什麼嗎？雖然有些人可以明確說出具體的商品名稱、服務項目，但大部分的人其實都是抱持著「這種程度就可以了吧」的心態開始購物的。

因此在開始交易之前，需要先從以下三個可能性打開我們的心態。

1. 對方可能無法準確地表達出自己想要的東西。
2. 就算對方有想要的東西，答案也可能不止一個。
3. 展現在表面上的要求和隱藏在對方內心的需求可能有所差異。

把這些可能性放在心上，重新回到剛才的情況吧！

假如各位是水果店的老闆，可不能因為沒有蘋果就直接送走客人。如果就這樣讓客人們空手而歸，可能會導致那天的銷量減半。我們必須擁有察覺隱藏在客人要求背後的需求的能力。用以下的方式，嘗試觸動客人的需求如何？

「對啊，今天早上在批發市場找不到新鮮好吃的蘋果，所以沒有帶回來。軟嫩熟透的橘子怎麼樣？對小孩子來說，自己吃橘子其實比吃蘋果更容易。剛好今天的橘子很新鮮又甜，先剝一顆吃吃看吧！這種當季水果可以增強小孩的免疫力，也可以預防感冒。現在才剛開店，我再多送妳幾顆吧！」

雖然從表面上來看，客人的要求是蘋果，但其中隱藏的需求應該是媽媽為孩子的健康著想的心，而且大部分的媽媽們都會為便宜又好吃的東西打上高分。

珠寶店也是一樣。雖然沒有客人想要的金項鍊，但不要因為沒有製作金製品就冷淡地回答，而是應該詢問客人為什麼想找金項鍊，可以試著提出其實從遠處來看，很難分清楚白金項鍊和銀項鍊的觀點。如果客人想買禮物送女朋友，也可以詢問客人要不要購買情人節特價的銀項鍊、戒指和耳環組合，代替送一條金項鍊。在探索出對方的需求之前，切勿直接說：「沒有，我們沒有賣。」

—

來看一下另一方面的情況吧！應該也有各位的要求無法被滿足而遭遇挫折的時候吧？這時候與其成為「既然買不到蘋果，那今天就直接放棄買水果吧？」這種被動的客人，不如反過來提出可以滿足自己需求的方法。**不要因為達不到要求就感到挫折或失望，我們應該好好思考，是不是可以透過各式各樣的方法，滿足真正的需求。**

以年薪協商為例。假如各位成功完成了新職場的面試，正在進行年薪協商，人事主管表示，目前規定的年薪連一千萬韓元都不能再多給了。如果因為各式各樣的原因，導致各位難以實現想要加薪的要求，那就換成滿足需求吧！改成增加休假天數、增加教育補助、增加在家辦公的天數、調整上下班時間、提前領取獎金、追加員工認股權（Stock Option）等。不要拘泥於提高年薪的要求，提出替代方案來紓解想在更好的條件下工作的需求吧！

反之，人事主管的需求是什麼呢？雖然求職者通過了面試，但畢竟能力還沒有得到勘驗，就這樣欣然給予高薪很有風險吧？這就是為什麼各位即將跳槽過去的大部分公司人事主管都會說：「如果你有努力工作的話，明年再幫你加薪。」那我們應該如何滿足人事主管的需求呢？

建議在提高年薪的同時，把公司用來確認能力的三個月實習時間延長到六個月怎麼樣？以提高年薪當作條件，稍微調整那一年的教育補助或休假天數的這個方法呢？不提高年薪，但是要在合約裡加入根據六個月後的績效支付獎金的這種附加條件呢？如果公司希望員工盡快上工，那麼開始工作的日期也可以成為協商的條件。

如果能夠滿足對方的要求和需求，當然再好不過，但並不可能每次都剛好能滿足。儘管如此，**我們只要熟練地察覺隱藏在對方內心的需求，就足以製造出令人滿意的結果**。因為詢問對方真正想要的是什麼，並且為了滿足他的需求，提出最好的方法，這個行為本身就能帶給對方感動和安慰了。

我表面的要求和隱藏的需求、對方表面的要求和隱藏的需求，只要把這四個因素放在心上來進行對話，就可以擺脫「我沒有可以幫你的啊？」、「我沒有可以得到的啊？」這種錯誤的想法，那麼對話就會變得更有趣、更有創意。

Chapter 9

面對情感霧霾，現在戴起口罩吧？

插入情感刀刃的方法

假設桌子對面有兩位求職者，我打算聘僱其中一人成為各位的專案夥伴。其中一個人態度沉穩、聲音不高亢，因此聽他說話很舒服；另一個人則從眼神、嘴角到整體的表情都有點不自在，看起來好像生氣了。

問題在於這裡——沉穩的人要求的薪資比想像中還要高，看起來好像有點生氣的人則要求了各位可以負擔的薪資。跟即使要多付一點費用，但心理看起來較穩定的夥伴簽約好呢？還是跟看起來令人感到不自在的人簽約，支付適當的薪資比較好呢？如果要聘僱的人員不是暫時的專案夥伴，而是未來要一起在同一個組織工作好幾年的同事，選擇會變得更容易，還是更困難呢？

各位或許會把票投給令人感到自在的人，因為我知道和令人感到不自在的人一起工作，雖然可以省下金錢，但是在工作中需要付出更多的情感費用。**因此，情感也是有價格的。**

—

情感就像一把刀，雖然情感是很有用的工具，但其本身也可能成為威脅，如果操作不當，就會傷害到自己和他人。如果情感被扭曲或者過度表現，關係就可能會被一把鋒利的刀刃切斷。

在進行複雜的協商時，也有根據事前編好的劇本刺激對方、故意過度激動地表現情感的情況，但是那種例子非常少見。那是對方經過判斷後，認為沒什麼好失去時，像獅子般咆哮出情感，等待使出最後一招的策略，各位應該不會遇到那種情況。我們應該時刻銘記，過分表達情感是得不償失的。

好，那我們應該如何管理令人感到不自在的負面情緒呢？在進行說服和協商的時候，比起邏輯，我們因為對方的情感表達而受傷的情況更多。這時候有一個可以跟著做的好方法，那就是為情感戴上口罩。

這個舉動就像是為了過濾眼睛看不見的霧霾而戴起口罩一樣，過濾我或對方不自覺流露出來的情感雜質。為情感戴上口罩由以下過程組成。

第一，觀察我和對方的情感。這時候需要的是情緒智能（處理情緒給出的訊息的能力）。情緒智能的核心就是自我意識（Self-awareness），即察覺到我和他人的情感變化並理解那個變化的曲線。當心情和情感的曲線急遽上升或下降時，試著幫自己煞車如何？

「現在我的心情和情感越來越激動了，我要意識到這個瞬間並且冷靜地戴上口罩。原來有人想在我面前咳情感的咳嗽啊！為了保護自己，後退一步並戴上口罩吧！」

第二，為情感戴上口罩後，問自己以下的問題吧！「為什麼我（對方）變得這麼情緒化呢？是在哪一個方面受傷了？是什麼詞彙、句子或表達方式讓我（對方）感到不快呢？」自己的情感可以在心裡問自己；對方的情感則可以用平靜的語氣直接詢問對方。

「你好像很失望，我可以幫你解決哪些方面的問題呢？有什麼我可以幫忙的嗎？」

第三，以共鳴和可能性收尾。傾聽對方訴說因情感而生氣的事情，再經過整理後，重新給對方看就可以了。「所以你是因為這些部分而受傷、不愉快了，是嗎？」像這樣請對方確認。

此時，我們的目的就是從生氣的人口中聽到「是」的回答。這是讓彼此同意「我有努力理解你的心情，你也有確認過了」的過程。只要我知道了你的情感，你也認可了我的努力，就可以進入下一個階段。

第四，藉由逗號，讓對方重新呼吸。我們不應該要求受傷的人馬上提出有邏輯的解決辦法，而是應該給他一些時間調適情感和心情。當兩個朋友在我面前吵架時，與其馬上勸阻，要求他們向彼此道歉，不如給他們時間，暫時停下來照看、安慰自己的情感會更加有效。

如果這四個階段的方法都沒有用，我還有最後一個手段，那就是暫時離開現場。與其繼續吸進被情感污染的空氣，不如先迴避一下。可以先結束會議，約定下次見面，或者乾脆停戰幾天也是一個不錯的方法。

—

情感的傳染力和病毒一樣強。我的心情會對對方造成很大的影響，相反地，我的心情也會隨著他人的情感起伏坐雲霄飛車。如果對方的情感變得很消極，最好戴上口罩後退一步，保持適當的距離。觀察變化、提問並理解他人，最後用建議收尾吧！偶爾也可以勸對方休息一下。

最糟糕的是和對方一起經歷情感的變化，因為如果這種反應是對方在腦海中計畫好的策略，我們就不可能拿到對話的主導權了。當對方越來越情緒化時，我們反而要越沉著地保持距離。當對方越來越大聲時，我們的聲音就要越冷靜。

如果戴上了和對方保持距離並保護我們內心的口罩，就不會污染了情感。沒有必要兩個人一起痛苦地吸著充滿情感灰塵的空氣。在會議、交易、採訪等幾乎所有的說服和協商當中，較少情感起伏的人獲勝的機率很高。請各位不要吸入不必要的情感。

Chapter ⑩

減掉不安，機會就會回來

保證合格的自傳秘訣

我遇到的很多大學生通常都是這樣準備就業的——尋找自己的優點、了解自己感興趣的事情、在腦海中描繪出自己喜歡的工作。之後再根據這些，向自己想要的公司提交履歷並等待答覆。

那麼之後如何呢？雖然申請了超過十幾間公司，但沒有一間回應，因而感到挫折，然後開始思考：「咦？好奇怪，我申請的明明是自己喜歡，應該也可以做得不錯的職位，為什麼公司不把我當成有潛力的人才呢？被選進面試只是單純的機率問題嗎？還是我應該在自傳裡面多寫一點故事呢？」重新把履歷改了又改。求職者到底需要把自傳寫得多好、需要再多投幾家公司才能夠合格呢？

把求職當作考試一樣努力的學生通常會重複犯這種錯誤。在考試當中，只要努力記住課本內容，任誰都可以拿到一定的分數。這時候出題者就會設計出多選題，故意製造能夠分出成績高低的裝置。

但求職不是考試，而是商業。求職並不是隱藏著區分優劣涵義的考試，那商業的基礎是什麼呢？答案就是「追求公共利益」。因此在寫履歷的時候，不應該抱持著合格與不合格的二分法目標，而是應該制定和那個公司一起追求並創造利益的目標。

還記得之前提到的水果店老闆的例子嗎？他的商業模式是什麼？老闆會在凌晨起床，開著貨車到批發市場取得最新鮮又便宜的水果，帶回店裡擺放。需要水果的消費者不用去批發市場，在家附近就可以方便地購買到產品。

雖然水果店老闆賣的水果比批發價還要貴，但是消費者享受到這些利益——不需要在一大清早起床開卡車，在家附近就可以方便地買到水果；要吃多少買多少，不會有需要扔掉的水果；托老闆敏銳且仔細的挑選水果能力的福，可以吃到好吃的水果。我們願意為了享受這些便利，多付一些錢給水果店老闆，老闆則透過這個過程賺錢。商業就是這樣，只有同時滿足了消費者和銷售者才能夠運轉。

如果把這個應用到就業上會怎麼樣呢？是的，我的就業應該要為公司帶來利益。準確來說，公司對於要給予各位的利益並沒有太大興趣，所以如果自傳裡面沒有提到我可以為公司帶來的利益，就會被認為是不了解商業本質的人，因而遭到淘汰。

讓我們再讀一遍充滿抱負的自傳吧！「我想長期做這個工作、我應該很擅長做這個工作、我對這個工作充滿熱情。」各位可以看出為什麼公司覺得這種求職者沒有魅力了嗎？內容只跟自己有關，完全沒有提到今後將如何追求共同利益。只有對自己的華麗說明，完全沒有關於對方的客觀分析，這種自傳很難有說服力。

那麼該如何修改內容呢？只要把自己和公司適當地結合在一起就可以了。

「根據我的分析，貴公司是這個樣子。我很清楚貴公司有什麼策略和前景，基於剛剛提到的那些內容，我想過了自己可以在這間公司做的事情，具體有以下三點，這些點子都是以我的優勢和經驗為基礎。」

好，各位覺得怎麼樣呢？腦海裡有想像到自己和對方的交集了嗎？如果各位是人事主管，應該會覺得這份自傳很有魅力。

自傳不能就像字面意思一樣，只介紹自己。真正的自傳是「我們的自傳」，需要涵蓋讀自傳者感興趣的事項和心思，不僅要反映人事主管，也要反映公司幹部的視角和利益、公司和公司所屬產業的內容。也就是說，在職者在讀自傳的時候，應該要覺得有與自己相通的部分。

每個人都有人情需求，一天要看數百份履歷和自傳的人事主管也一樣。深入理解他在做什麼工作，滿足他的人情需求，形成強烈的信任。這樣子建立起的信任，會形成說服的第一個台階。

來看一下我最近認識的客戶的例子吧！我的客戶A在韓國工作了好幾年，因為老公去澳洲留學而一起到澳洲結婚並定居。老公在讀博士的期間，A一邊當全職家庭主婦，一邊抽空學習英文。讀完博士的老公收到教授職務的邀請，不得不前往歐洲，A則做出了一個很大的決定，那就是到歐洲的某間研究所攻讀碩士，學習人事管理領域。

其實A在韓國完全沒有人事相關的學位或經歷，雖然她在澳洲學了英文，但那個學習目標也並不是為了研究所。不過她這次不想再繼續專職照顧老公，而是想進入研究所，開始為了自己讀書，然後在歐洲以人事專家的身分開啟新的職涯。A在韓國銷售領域工作好幾年的那個期間，她也曾經迷惘地想要學看看人事領域，如今就算晚了一點，她也想真的開始認真學習。

但是A想申請的碩士學程並不是只要有學分、英文成績、學費就可以入學。她需要和入學處長面試，證明自己是一個多麼有能力的學生，說明自己身為一個完全沒有相關經歷和經驗的全職主婦，該怎麼跟上學習，以及她為什麼想學習。

除了方向和準備就業的學生不一樣，她的情況也一樣是要為了獲得自己想要的位置，努力推銷自己。假設各位需要指導A的入學面試，該怎麼做才能讓入學處長滿意她，實現A成為人事專家的夢想呢？

說服在字典裡的定義是「以各種言詞遊說，使人聽從我的話」。為此，需要將說服的結果分成兩個部分進行說明。

以後如果想要說服某人，只要想像出一個紅色和一個藍色的按鈕就可以了。關鍵在於平衡地按下這兩個按鈕。因為每個人或每個情況不同，有些人喜歡紅色按鈕，有些人則喜歡藍色按鈕。讓我們各別來檢視一下。

紅色按鈕是對方會獲得利益的按鈕。光是用「因為我想做自己喜歡的事情，所以希望可以進入貴校就讀」的說詞，很難說服他人。這個說服當中只有我的利益，完全沒有對方的利益。那該怎麼修改呢？只要提及我入學後，對方（學校）會獲得的好處、名聲、可能性、機會與挑戰等就可以了。

「與澳洲的學校相比，歐洲的學校很少有韓國學生，因此我想透過這次機會向韓國宣傳貴校的優秀課程。」這就是一個例子。也可以說，自己能夠成為促進研究所多樣性（diversity）所必需的具有魅力的成員。她在澳洲生活的那幾年間，都是以韓國人的視角看待西方文化，這樣的理解也有助於研究人事領域，或者也可以說說看，自己對於東方和西方文化的了解很平均這一項優點。關鍵在於「我可以說出當我進入貴校就讀後，你將會獲得的所有利益，可見我已經做好了充分的準備」。

藍色按鈕則是減少對方不安感的按鈕。之所以說服不了對方就是因為他的不安感沒有完全消除。在這次面試中，入學處長可能會有什麼恐懼呢？可能是「曾經是全職主婦的A可以跟上既困難、小組專案又多的碩士課程嗎？會不會因為實力不夠，對其他一同學習的學生造成影響？」我們需要提前一一解讀出這些不安。

我請A具體說明她會如何減輕入學處長的擔憂。她只抱持著先進去研究所再努力讀書的心態，一開始回答得並不好，所以我決定和她一起思考，並得到了以下幾個方法。

1. 在入學前訂閱人事領域的學術期刊並進行分析。
2. 入學後提前預習學生們覺得最難的部分。提前練習寫上課時需要寫的報告和文章（上英文作文家教課、申請線上課程等）。
3. 入學前先建立起人事相關的網路，或者分析圍繞著人事問題的韓國動向和趨勢（爲了在課堂上介紹韓國國際企業的人事策略）。

如果各位是入學處長，聽完這三個方法後，會做出什麼決定呢？光是解決煩惱就足以打動入學處長的心嗎？

這裡還有一點需要記住，這種方法不能只停留在入學的策略上。不能為了討懷疑我能力的人的歡心，把不會去實踐的計畫講得有模有樣。入學後，理解實際用外語授課的課程、和外國學生討論、整理學習的內容並接受考試，這些比入學本身重要好幾倍。也就是說，如果獲得了好機會，就應該懂得利用那個機會，製作出屬於自己的優秀作品。**各位需要抱持著真的會落實自己提出的方法的意志，而那些方法必須要真的有所幫助。**

結束了對A的指導，我在一個星期後收到了聯絡。她說她在入學處長的熱情歡迎之下，考上了研究所。像這樣精心修飾過的自傳不僅可以改變他人的內心，還能夠讓自己的想法和內心變得堅定，因為在和別人說話之前，我們需要先說服自己。

Chapter 11

四十三萬韓元的罰單，如果用話語來計算的話

與對方同舟共濟

在二〇二〇年的最後一天，我們全家搬進了新的公寓（在我居住的新加坡，公寓被稱為「Condo」）。隨著租約簽訂兩年的房子被賣給了新的房東，我考慮了兩個月，最後決定搬走。

搬家完後還不到一個星期，有一天，玄關的門鈴響了。我以為是在網路上訂的快遞送到了，打開門一看，兩個身材魁梧的警衛面無表情地看著我。我完全不知道他們為什麼來找我，詢問了原因後，得到了這樣的回答：

「因為妳隨意亂丟垃圾，所以我們拿警告通知過來。請在這個警告通知上簽

名，表示妳已經看過內容。」

「垃圾？」

搬家的時候，我明明將超過一百個箱子拆開並丟到了指定的地方，不知道他們在說什麼的我非常錯愕。到新家打開行李時整理出來的垃圾也全都有裝進袋子，丟到了地下室的大垃圾桶裡。新加坡也和韓國一樣，幾乎所有的公共場所都有監視器。在被稱為罰款之國的新加坡，我和我的家人絕對不可能會犯這種錯誤。我接著說：

「好像有什麼誤會，我們家絕對沒有隨意亂丟垃圾，照片上的這個箱子不是我們家的，這是我第一次看到的箱子。」

「放在垃圾桶旁邊的大紙箱不是妳的嗎？箱子上面大大地寫著妳家的地址啊？就算不是妳直接丟掉的，也應該是妳訂購的物品被送貨人隨意丟棄了，責任要由妳承擔。因為妳發生的這件事情，害我們的清潔人員還要辛苦地收拾箱子。

罰款是五百新加坡幣，請到公寓行政辦公室繳罰款。」

警衛冷淡的回覆讓我一時無話可說。五百新加坡幣約等於四十三萬韓元。我們家裡明明從來沒有出現過那個箱子，我也從來沒有看過那個箱子，我的頭腦頓時一片空白。自從搬家過來後，我就再也沒有收過那種用大紙箱裝的快遞。而且還不是五十新加坡幣，是五百新加坡幣欸？我們家都還沒有好好參觀過公寓社區，怎麼會收到罰款？

我接過行政命令書後，心情突然變得很糟。我強烈地主張「絕對不是我們做的」，但警衛叫我直接去跟撰寫那份文書的行政人員說，他說他的義務僅止於把公文交給當事人，並讓當事人認知到這件事情。氣氛在那短暫的瞬間裡迅速變得冰冷。

那時，我的腦海中閃過這個句子：「不要因為立場差異就強行挑起爭吵。」

催促我在警告通知上簽名的警衛，以及從未見過那個垃圾的居民，兩個人都站在各自的立場上提高了嗓門，能夠緩和氣氛的方法只有換位思考，所以我改變了說話的語氣。

「警衛先生，我和我的老公到今年為止已經在新加坡生活超過十年了，我們很清楚新加坡是怎麼處理事情的。雖然我們搬到這個公寓還不到一個星期，但在搬來之前，我們就住在離這裡十分鐘左右的其他大型公寓社區，我們很清楚要想住在這種大社區，居民之間必須互相照護、遵守規定。

「我也理解你們的苦衷和難處。傳達這種不好、不愉快的消息，應該也要承受很多壓力吧？雖然我真的不是亂丟垃圾的當事人，但說不定你們每天都會遇到像我一樣說著『我絕對沒有做這種事』的人。

「我是一個三歲孩子的媽媽，也是一個教導孩子要正直的大人。如果真的是我或我的家人丟了這個垃圾，就算我不清楚這件事是違法的，我也願意為這個錯誤繳罰款並道歉。但如果這個垃圾和我們家沒有任何關係，我沒辦法只因為收到警告通知就直接繳五百新加坡幣的罰款。如果你們站在我的立場，應該也會有一樣的想法。

「現在你們不應該和我在這裡爭執，而應該成立小組，找出是誰亂丟垃圾吧？我現在馬上去行政辦公室調查是誰丟了這個垃圾，並處理相關的事情。雖然這不是我們家丟的垃圾，但我一定會盡力一起調查出為什麼那個箱子上寫了我們家的地址，我也會盡力幫助你們和行政組抓到真正的犯人。」

警衛們在幾分鐘前還把我當成「無知地亂丟垃圾的沒品大嬸」，此刻他們的眼神卻變了。本來斷然且語帶威脅地說「妳就是犯人」的警衛，現在眼角稍微放鬆，對我這麼說：

「既然妳都說成這樣了，我就先假設不是妳做的。雖然我也很鬱悶，但現在事件號碼和警告通知都已經發下來了，不能就這麼算了。奇怪的是，最近一、兩年來，亂丟垃圾的人越來越多，為了處理這些垃圾，浪費了很多費用和時間。真的很謝謝妳理解我需要每天做這些事情的立場，希望妳可以協助我們抓到真正的犯人。」

幾分鐘前還很殺氣騰騰的氣氛平靜了下來。我馬上就下去行政辦公室表明了我的立場，有條不紊地向寫警告通知的職員說明了我的委屈。這件事情的結果如何？結局很平淡，即使調閱了所有的監視器，也還是找不到真兇。案件就這麼遺憾地結束了，對我徵收的罰款也當然無效。

—

在路過公寓社區的時候，經常會看到曾經送警告通知給我的身材魁梧的警衛。我總是會先向他用眼神示意表示感謝，他也會用微笑回應我。

如果繼續為了誰是犯人而爭吵不休，還抱持著只有吵贏了才能成為贏家的想法來對話，就會把彼此想成是無知的人，讓心情變糟很久。「你和我的目標並非相反，我們共同追求的是導正錯誤，我們要一起達成這個目標」，如果採用這個心態，就算是敵軍也會成為我軍。這就是我透過這件事情學到的教訓，**我把它稱為「同舟共濟」**。

在進行房地產交易時，也可以使用同舟共濟的技巧。找到了心儀的房子，另一半卻好像有點猶豫的時候，該和誰同舟共濟呢？沒錯，可以讓房屋仲介搭上同一艘船並這麼說：

「我會想辦法說服我的另一半。他／她猶豫的原因應該是房子的位置（或是交通、老舊的房子狀況、太小的廚房、設施等無法改變的問題），我會讓他／她改變心意，麻煩你／妳幫忙解決和房東之間的月租問題（或是管理費、入住日期、裝修費用等可以改變的問題）。既然我們意氣相投，那就盡快完成這筆交易吧！」

試試看扭轉相反立場的關係吧！這種情況並不是各自朝向其他目標前進而進

行的爭吵，讓我們把它重新解釋為雖然彼此從不同的起點出發，卻都朝向共同的目標前進吧！試想一下，如果平時有人的想法和我不同，那我可以向他提出什麼新的目標呢？

Chapter 12

有能力的領導者的秘密武器　提升動機的三大因素

四十歲出頭的W是個經驗豐富的推銷員。他的個子很高，戴著黑框眼鏡，聲音很渾厚。他大學就讀運動科系，幾乎每天晚上都會去慢跑，是一個很會自我管理的人。W總是給人留下強烈的印象，只要見過W一次，不管是誰都會記得他。大概沒有比「粗暴的魅力」更適合形容W的詞彙了。

W習慣跟自己合得來的人組隊工作，也因此，他每年都取得不錯的成果，還多次獲得業界頒發獎項。W在公司裡也自然而然被稱為強者，長期備受矚目。

但是W突然遇上了意料之外的變化。他工作的公司與其他外國公司合併之後，他的團隊裡進來了八名新員工。W工作了十年的公司是典型的韓國大企業，他透過這個事件，間接體驗到了外國新創公司的組織文化。

W一直以來都是透過面試和熟人的推薦來組成自己的團隊，此時他有了一個煩惱，那就是他完全無法和新來的員工溝通。光是靠選擇符合自己作風的人，透過教導他們學習到的管理能力，並沒辦法應對這些新員工。如果想交代他們做什麼事情，他們就會仔細地確認那件事要現在去做嗎？為什麼要做？一定要做嗎？如果和自己的想法不同，他們就會反問那件事是不是沒有必要做？W抱怨地說，因為新員工，他需要消耗更多能量和時間。

原本的員工配合默契極佳，新員工卻是那種即使交代他們工作也會裝作沒聽到的人，W因此每天倍感壓力。如果不能獲得成果，就只能縮小團隊的規模，這種壓力常常讓他失眠。W以前被評價成「飛翔的談判家」，現在卻連自己的團隊都管理得不好，W對此感到很羞愧。他對我訴苦：

「我目前為止幾乎沒有在代表公司進行的複雜協商當中失敗過，因為我是在中小企業開始職業生涯的，所以我非常了解這個領域的生態，還到處累積了可以稱兄道弟的人脈。這個業界裡沒有不認識我的人，所以公司不管分派什麼艱難的協商任務給我，我都有能力去挑戰。我看起來不好應付的形象也起到了一定的作用，我對我們公司產品和服務也感到很自豪。

「但是我現在卻成為了連自己團隊裡發生的糾紛都無法解決的無能領導者。要想和敵軍作戰，內部合作是最重要的，我真的不知道在這種氣氛下，以後該怎麼和組員們一起工作。透過這次的機會，我發現比起得到初次見面的外人的歡心，打動每天一起工作的組員的內心更加困難。我該怎麼做才能打動組員們的心呢？真的有方法可以解決原本員工和新員工之間的矛盾，讓新員工接受我成為他們的領導者，和他們互相配合嗎？」

很多人都認為協商只是和外人進行的暫時性交易，也就是說，他們認為像是公司和公司、公司和個人，這種和在日常生活中不會遇到的人對話才算是協商。**但是協商並不一定只在簽訂合約的時候才需要**，在獲得支持、加油、信任等看不見的資源時，也需要協商。事實上，如果無法獲得這種資源，就很難實現物質上的結果。

越是像W一樣，身為領導團隊的領導者，就越需要具備與內部人員進行協商的領導能力。好的領導者就是一個好的協商家。好，如果現在各位需要幫助W抓到他所需要的領導能力方向，你們會對他說什麼呢？

首先我請W推測並說說看，現在需要適應新業務和領導者的員工，心情處於什麼樣的狀態。他想了一下說：

「他們現在應該也很鬱悶，因為這個變化並不是他們想要的。雖然表面上沒有顯露出來，但一定有一些人想要跳槽到其他外國公司，回到熟悉的組織文化。」

我決定和他一起仔細探討這個問題，更深度地去理解組員，並了解他們真正想要的是什麼。正如前面所提及的，只有讀懂需求而不是要求的時候，才能夠進行對話。只有真正讀懂新組員的情感和需求，才能制定出好的策略。

現在這些員工是怎麼看待W的呢？這些員工原本在自由的外國公司工作，突然被調到保守大企業，他們的心情會處於什麼狀態呢？讓我們推測一下，他們的上司突然變成很氣派，聲音又渾厚的W，會有什麼樣的心情呢？我想應該如下。

1. 現在的大企業需要經過多次上司的批准，和以前紀律與規定較少的外國公司不同，他們會對這種複雜的業務程序感到很混亂。
2. 不僅要注重工作的成果，還要留意和上司的關係，這種微妙的組織文化會讓他們感到有壓力。

3. 他們會懷疑自己是否能融入已經和W配合得相當有默契的原本員工。
4. 必須盡快學會新公司的策略和服務的壓力。
5. 在這家公司可以工作多久、不知道該不該換公司的不安感。

心理學家理查德・萊恩（Richard Ryan）和愛德華・德西（Edward Deci）認為，自主性、勝任性、歸屬性 這三種心理需求對人類內部動機有著深遠的影響。這裡所說的人類內部動機是指「自己努力想做某件事的需求」。讓我們基於這個理論，來找出提高W新組員的內部動機的方法吧！

首先，人類的內部動機會依據「自主性」有所改變。我正打算要打掃房間的時候，如果媽媽剛好對我碎碎唸說房間太髒了，會怎麼樣呢？想要打掃房間的心情就會全部消失。每個人應該都曾經有過這種經驗。

這是為什麼呢？因為我們的自主性受到了威脅。自主性是指不受外部強求，想要調整自己的選擇和行動的需求。本來想自己主動去做，但是在有人碎碎唸催促我去做的那一瞬間，自主性受到了侵害，我們就喪失了意志。W的員工全部都面臨一個課題，那就是去適應自己並不想要的環境變化。雖然突然的合併不代表一定會產生負面影響，但這個變化並沒有基於自主性，所以他們當然會感到無力。

那麼該如何提高員工的自主性呢？在開始新工作的時候，應該要主動提供制定計畫並實行的機會。雖然沒辦法轉變成和以前公司一模一樣的組織文化，但至少上司需要察覺到他們的不便，展現出積極想要解決這個問題的一面。了解每一名新員工的能力，並且根據他們的能力，建立起讓他們自己執行業務和報告的機制。

影響人類內部動機的第二個因素是勝任性。每個人都希望可以發揮並且不斷提升自己的能力。如果完成符合自己程度的課題，在那個過程中充分感受到自己是具有能力勝任的，也就是說，如果滿足了勝任性，內部動機自然就會提升。因此需要制定策略，提升進入新公司後不知為何變得畏縮的組員的勝任性。

例如，讓新員工和原本員工一起報告目前為止成功的專案，就可以提升勝任性。反之，讓他們一起查看失敗的專案後，以「如果是我，就會這樣做這個專案」為主題進行報告，也是一個不錯的方法，因為這個方法可以自然地了解各自擁有的新觀念和才能。

心理學家米哈里・契克森米哈伊（Mihaly Csikszentmihalyi）也基於「心流理論」（Flow）提出了類似的概念。他主張透過具有挑戰性的課題來滿足勝任性的時候，可以感受到所謂心流的幸福感。適當地結合前面提到的自主性和勝任性，就可以更進一步提高內部動機。

最後一個因素是「歸屬性」。歸屬性是指在和他人的關係當中，達成和諧所感受到的安全感。如果不想要只是單純在人群當中占據優越的地位，而是想和他們建立起有意義的關係，那麼歸屬性尤其重要。關鍵在於讓處於陌生的組織文化和業務環境的新員工，透過各式各樣的方法感受到歸屬感和情感連結。

一般大企業想到的方法不外乎是聚餐、員工旅遊等傳統的方法，但新來的員工可能會對那種方法反感，所以最好進行一對一的指導或者聘請公司內部或外部的講師，進行可以形成歸屬性的活動。大概三個人組成一個小組，一起參加小型專案或進行興趣活動也是一種方法。透過自然而然形成的歸屬感，告訴他們新的工作和人際關係非但不是威脅，還可以成為一個機會。

—

現在擱下W的例子，將這三個因素運用到各位的對話當中吧？

首先，來看一下自主性。**如果想讓對方感受到自主性，那就只需要不斷強調對方在協商和說服的過程中，有可以自己決定的部分即可。**無關自己擁有的力量大小，人們對於自主性被剝奪會產生抗拒感和恐懼感。請思考一下時間、空間、順序、品質和數量等可以給予對方自主性的條件。此外，鼓勵對方，讓他自己決定標準，對話會變得更加容易。

第二是勝任性。**具體地稱讚對方擅長、喜歡且看起來是他的優點的部分**。此時可以將對方天生的勝任性和協商主題的特點結合在一起。假如在買賣房子的時候，可以說：「房子裝修得很漂亮，您的設計很出色欸！」像這樣把房子的管理狀態、位置、氣氛等和對方的勝任性結合在一起稱讚。最重要的是，在對話中需要讓人感受到正面的情感，讓人抱有可以愉快地開始和結束溝通的希望。

最後是歸屬性。**透過協商強調對方將會獲得的關係、歸屬感和安全感**。假如沒辦法滿足求職者希望的年薪時，可以強調公司擁有的人力資源，也就是說明進公司後，可以獲得什麼樣的關係。藉此機會點出對方可以獲得的新關係是什麼，說服就會變容易。

我和對方的牌並不能完美地一張對一張比較。
為了讓「我」這個資源或者我提出的選項看起來更有魅力，
應該養成一個習慣，
那就是在協商場合之外製造令人心動的方案。
就算這個對話沒有圓滿結束，
我也要有自己不會吃虧的信心，
因為這種想法會讓我們變強。

Part 3

乘法

讓出優越感，利益加倍

Chapter 13

按照各自的口味來說服吧

引人同意的五大因素

請準備好紙跟筆，回想平時和自己關係密切的五個熟人，簡單地寫下他們的名字、年紀和個性。建議盡量排除家人或朋友，我也在下方寫下了假想列表。

部門主管：宋慧珍（女，47歲）——細心、理性

次長：朴鍾赫（男，40歲）——感性、敏感

同事：李基成（男，35歲）——喜歡人群，很隨和

客戶代理：韓惠仁（女，33歲）——勢利卻又很乾脆

學長：金鎮旭（男，37歲）——有野心，很努力生活

好，先從簡單的開始吧？

各位分別和這五個人約定好一起吃晚餐，卻不得不取消約定，需要分別通知這五個人。取消的理由可以是因為你們不小心忘記了，也可以是因為公司或家裡突然有事。但他們都是對各位來說很重要的人，所以取消並不能只是單方面告知，也需要安撫對方的心情，說服他們再次和自己做出約定。

該怎麼做才好呢？可以傳同樣的訊息給五個人嗎？恐怕不行。就算訊息的意思都是，「很抱歉我不得不取消約定，我們可以改約其他日期嗎？」也需要根據對象，改變語調、禮儀，甚至是告訴對方的時間和地點。也就是說，即使說服的目的相同，也需要考慮到聽者的特性，使用不同的方式。

好，那現在我們來看看列表中代表對方的關鍵詞，想像一下要怎麼說吧！這個人喜歡透過電子郵件恭敬地交談；那個人可能喜歡早上一邊喝著咖啡，一邊面對面談天。要怎麼表示道歉，也應該根據對象來考慮。

例如，部門主管宋慧珍是個很有邏輯的人，所以她可能會犀利地指出，為什麼一定要取消約定？或者取消約定會不會對自己不利？朴鍾赫次長很重視同理心，所以需要更加顧慮到他可能會因取消約定而產生的情緒（失落或困惑）。同事李基成很重視關係，所以應該要幫他聯繫一個可以代替自己和他一起去吃晚餐的人。客戶韓惠仁代理是對數字和利益很敏感的人，所以只要告訴她，下次會請她吃一頓昂貴的以彌補今天的失禮應該就可以了。最後，金鎮旭學長和我的關係很親近，所以可以告訴他是因為今天在公司工作太累了才取消了約定，或者因為學長很有野心，所以也可以說突然有急事需要加班，說不定他會馬上理解我的意思。

×

先前的問題太容易回答了嗎？現在提高一些難度吧！各位身為組長，需要請五名下屬連續加班兩個禮拜，因為目前進行的專案落後了原本的計畫，所以不得不增加工作。雖然不能強行要求，但如果他們五個人都不加班，這個專案就絕對不可能完成。

各位的組員幾乎不曾加班，每天都在五點五十九分關電腦，六點準時拿起包包離開公司。你們需要請這樣的組員連續兩個星期加班三個小時直到九點為止，光是想像就很頭痛吧？怎麼說服個性都不同的五個人呢？

在說服某人的時候，你有過以下這些想法嗎？「不是啊，這個人怎麼那麼難搞？」、「這個人怎麼會這麼情緒化？」、「這個人怎麼把事情想得這麼複雜？」為什麼會有這些想法呢？**因為對話的時候，我們會下意識地按照自己的想法構成狀況**。

例如，如果自己很重視同理心，不喜歡直接說正題，在說服他人的時候，自然會講到最後才說出重點，也就是用自己的口味來調整說服的鹹淡。問題是，如果是喜歡開門見山快速進入主題的人，這個方式就行不通了。廚師喜歡清淡的調味，但吃料理的人喜歡很重的調味，那麼不管使用的食材多麼有機、多麼高級，都不會獲得很好的反應。

我在教導說服和協商並應用到工作的過程中，發現了五種說服的口味。**就像味道基本上有酸、甜、苦、辣、鹹五種一樣，說服一樣也有同理心、邏輯、數字、關係、提問五種領域**。每個人都有自己喜歡的口味，所以對美食的標準都不一樣，因此身為烹煮說服的廚師，就需要擁有根據聽者的口味來調整五個領域鹹淡的智慧。

先來看同理心吧！假設你要賣鎮痛劑給一般七十多歲的女性，你為了說明藥物的組成成分，一直不停地說著連年輕人都難以理解的各種化學術語，這樣可以成功提高業績嗎？這時候同理心會比那種說明更有效。放下背在背上的孫子時，手臂和膝蓋感受到的疼痛、時不時發作的五十肩、半夜讓人無法入睡的偏頭痛等，這些都是七十多歲女性經常感受到的痛苦，如果可以發揮同理心來說明藥效，就會更有說服力。

第二是邏輯。邏輯是指喜歡在主張某件事情的時候，提出各種根據來說明和證明那個主張為什麼合理的口味。邏輯的領域包含了舉例、適當地比喻、結合關鍵字進行整理。假如在買房議價的時候，可以提出市場的平均價格或指出房子的各種缺點，為主張建立好骨架。像這樣喜歡邏輯口味的人，很難理解基於情感來進行說服的人。也有人認為沒有資料、根據、起承轉合等邏輯因素的對話是很空洞的。

第三是數字。不管敘述得多麼厲害，如果少了數字，就會失去說服力。比起像是「根據各種資訊」這種籠統的述說，不如提出具體的數字，說服會更加有效果。尤其是不喜歡模糊的人，很喜歡讓一切根據數字說話。數字可以和同理心為伍，也可以和邏輯為伍。對話的時候，按照聽者的口味組合各個領域至關重要。

有趣的是，數字就像鹽一樣可以強化其他味道。

第四是關係。喜歡這個口味的人重視人際關係，多過於原因和結果。我在韓國工作過的一家公司，每年春天都會去員工旅遊。人事部會計畫旅遊，傳邀請電子郵件給員工們，此時一定會有一些員工在活動前一天才回傳郵件，這是因為這種人會先確認有誰參加員工旅遊。像這樣在說服的時候，有的情況是需要先告訴對方與事件相關的人、會受到影響的人，對方才會提供協助。對於這種人而言，參與事件的人也和事件本身一樣具有同樣的魅力。

第五是提問。如果想利用這個領域，就需要周密地設計提問和引導回答的過程。心理學家羅伯特・席爾迪尼（Robert Cialdini）在《影響力：讓人乖乖聽話的說服術》（Influence: The Psychology of Persuasion）提到了「一致性原則」（Consistency）。也就是說，提前設計問題，讓對方連續回答三次「是」（Yes）。如果對方重複說了三次「是」，第四個問題自然而然回答「是」的機率就會提高，因為人類的心理認為維持一致性比較自然。

你有沒有曾經只是想去逛一下健身房，卻辦了一年會員的經驗？健身房員工很可能正是刺激了提問的口味。

「您最近是不是覺得身體很沉重，就算睡起來也還是沒有改善？」↓「是。」

「您是不是工作的時候長時間都坐在同一個位子上？」↓「是。」

「您今年想要多注重健康，並且培養體力嗎？」↓「是。」

「我們最近有在推銷的課程，要不要簡單地爲您說明一下？」↓「（喔……不要吧，但是）好。」

踏入健身房的時候，我明明打算只看一下設施，不會馬上加入會員的，但是和健身房員工聊了五分鐘，回答了問題，不知道為什麼，我突然覺得馬上加入比較有利。

提問的人就是掌握了說服主導權的人。如果有人繼續向我提問，我也一直反覆回答，那就代表我完全被他加入的辛辣調味料給迷惑了。這時候不要顧著回答，也向對方提問吧！「你覺得怎麼樣？」或「它的優點和缺點是什麼？」這種程度的問題就可以了。不要只顧著消極回答，應該透過積極提問，分享對話的主導權。

我的對話對象喜歡什麼味道呢？光是在對話之前回答出這個簡單的問題，就足以成為一位美食餐廳的廚師了。最近我遇到的人、我想說服的人喜歡什麼口味呢？你準備好按照那個口味烹調了嗎？

Chapter 14

拋出身價的錨 明明定價定得很便宜，為什麼還被罵？

G是一位自由講師，在企業和大學教授營銷相關課程。雖然已經有超過三年的教學經驗，但他還是對每次都需要談鐘點費感到很疲憊。最後，G將自己的身價定為每小時三十萬韓元。他決定無論哪裡請他去授課，一律收三十萬韓元的鐘點費。我問了斬釘截鐵地表示不想再多收，也不想再少收的他：

「你知道同行的其他講師們怎麼收費嗎？」

「每個人千差萬別。從每小時收五萬韓元，到每小時一百萬韓元，不對，甚至到兩百萬韓元的人都有，我算是很正直了。其實每小時三十萬韓元和我的課程品質相比，有點不夠……但每個人都想要用低價買到好的服務啊！我的推銷策略就是把身價定得比市價還要低。

「問題是，我已經這麼有良心地以低價提供好的教育服務了，還是有非常多沒有良心的負責人希望我再減少鐘點費。我有遇過這種情況，為了要去外縣市上九點開始的兩小時講座，凌晨就要從首爾出發，但這樣實在是太辛苦了，於是我決定在那附近住一晚，結果他們不僅不提供交通費或住宿費，居然還問我可不可以再減少鐘點費。從六十萬韓元中減掉稅金、交通費和住宿費，到底還剩下多少？在外縣市上兩個小時的課再回到首爾，當天下午也不能安排其他行程。我提出的明明是很合理的鐘點費，為什麼他們沒辦法滿足我這麼正直的收費呢？」

×

隨著知識交易平台越來越多，如今形成了一個任誰都可以成為作家和講師的市場。我們現在正處於一個重修生可以教初學者、初學者可以教超級初學者的社會。那麼諮商、培訓、講座等無形資源該如何定價呢？平日在公司上班，週末稍微接一點講座的情況或許還可以，但如果像G一樣身為全職講師，一定會非常苦惱，因為鐘點費本身就是他的身價。

各位覺得G的策略怎麼樣？分析完自己所在的市場後，把自己的身價定得稍微低於平均值就可以了嗎？那是聽課的學生或者請他去上課的負責人所希望的方向嗎？

大多數的新手講師經常犯這種錯誤，因為目前還無法以講課能力或知名度與其他人較量，所以只能把鐘點費定得很低當作競爭力。讓我們再次回想一下在任何對話中都存在立場差異的概念。G認為很正直的三十萬韓元鐘點費，教育負責人M會怎麼接受呢？難道M是在聽完和G同行的所有講師的課程，判斷G的課程品質高於還是低於平均之後，才決定請G來授課嗎？

很遺憾的是，其實在M的立場上並沒有正直的鐘點費標準。M應該認為每個講師、每個主題的鐘點費都不一樣，沒有必要在鐘點費前加上「正直的」這個形容詞，因為他認為鐘點費已經包含G獲得的利益了，也就是說，M覺得三十萬韓元裡一定有G獲取的利潤。那如果G將鐘點費減少到二十五萬韓元，M會認為那當中就沒有利潤了嗎？如果是十萬韓元呢？或許十萬韓元連付交通費都不夠，但如果G自己定了那個鐘點費，從M的立場來看，他一定會相信十萬韓元裡面包含G獲得的利潤。

消費者總是認為生產者（提供服務者）多加了額外的錢，因此對於主張是合理消費的價格心有存疑而要求打折，所以我們沒辦法說消費者先要求減價的行為絕對是很自私的。

如果是有名的講師，即所謂的明星講師，情況就會有一點不同。因為供不應求，所以站在講師的立場上，自然會選擇獲利最多的地方簽訂合約。當然，鐘點費並不是唯一的選擇標準，因為很多消費者會根據名氣支付較多的鐘點費，所以這種情況調整鐘點費應該並不困難。

那我想重新問一次，如果把鐘點費定為三十萬韓元，而且沒有任何議價的餘地，「要就要，不要就算了」這樣算是一個好協商家的態度嗎？還是先提出三十五萬到四十萬韓元左右的鐘點費，再經過幾次協調後，收取三十五萬或三十萬韓元會比較好呢？如果各位是教育負責人，在邀請非明星講師時，會偏好哪一個過程呢？

議價的時候使用的協商技術被稱為「錨定」（Anchoring），對某個數字拋錨（Anchor）的意思。在第一次拋錨的數字左右進行協商，也就是說，消費者可以給把鐘點費定在三十萬韓元的講師二十萬、二十五萬韓元，但很難給到四十萬韓元以上。即使預算是三十萬韓元，M也一定會對G這樣說：

「講師，我們的預算有點緊，能不能算每小時二十五萬韓元？」

反之，如果要求三十五萬韓元左右的鐘點費，並表示「可以根據講課次數和時間進行調整」，會怎麼樣呢？既然已經在M的心中拋出了三十五萬韓元的錨，那麼討論範圍可能就會落在三十萬到三十五萬韓元之間，最後做出三十萬韓元的結論。

那麼站在提供服務者的立場上，一定要把價格喊高才好嗎？如果拋出五十萬、六十萬韓元的錨，最後就可以拿到四十萬韓元嗎？並不一定。這取決於提供服務者所擁有的資訊品質和數量。

如果提供服務者有可以提高鐘點費的根據，那就可以把價錢喊高。例如，本來只想收三十萬韓元，但剛好只有我一個人可以在消費者想要的時間教授他們想要的主題，這種情況就可以提高鐘點費。前提是，需要掌握只有我可以提供這項服務的確切資訊。

反之，如果掌握的資訊少於對方，那該怎麼辦？完全不知道該往哪裡拋錨的時候，先向對方詢問出一個數字，從他提出的數字左右開始議價就是一個安全的做法。我很推薦沒有經驗或經驗較少的新手使用這個方法，因為很難直接定出我的身價就代表目前還無法在市場上證明自己的價值，這時候最好先聽聽看對方覺得合理的數字，再逐漸透過協商來提高這個數字。雖然可能會在那個人拋下錨的附近徘徊，但可以減少一開始就提出太低或太高數字的這種錯誤。

×

拋錨也可以當作一種策略使用。我待在諮詢公司的時候，觀察了公司是如何向客戶要求上億韓元的諮詢費用時，發現了以下方式。

第一次提案會拋出比我們想收到的金額高20%到30%以上的錨，因為收到提案的客戶會覺得費用比自己想像得還要高，而想要調整數字，那麼公司就會一邊慢慢地調低價格，一邊提出可以調整的項目和不能的部分。提案最終通過的時候，金額就會剛好符合公司原本想要收到的數字。

消費者會根據他把比較對象放在哪裡，對於提供服務者拋出的數字的第一印象，即價格便宜或者是昂貴的感覺就會有所不同。老練的協商家會先提出適當的比較對象，讓購買者認為自己的消費很合理。價格便宜或昂貴等想法其實是相對的概念。

因此，在喊價的時候，需要養成三思的習慣，因為匆忙、草率地喊出數字，最後以低於那個數字的價格結束交易的機率很高。**對拋錨沒有信心的話可以避免馬上回答**，也就是說，先確認或考慮一下再回答（這個部分在後面有更詳細的說明）。如果各位是G的協商講師，你會想對他說什麼？你會告訴希望拿到三十萬韓元的他什麼呢？

Chapter 15

今天也因為超速而懊悔不已 所有人都滿意的對話速度

K考慮了好一陣子後，決定為了妻子和即將出生的孩子換車。他打算賣掉現在的車，好幾天都在查看賣二手車的網站，但還是不知道該賣多少。即使是同一款車型，價格也會根據規格、狀態、顏色等有很大的落差，因此他還在猶豫要不要賣出。

午休時間遇到的公司前輩突然問K有沒有換車的想法，他聽說K的妻子快生產了，所以猜測他們或許會想要買一台更大的車，而且前輩還說他的妻子不久前升遷了，經常要去外縣市的研究所，所以急著想買一台中古車。總之，K想要賣車，前輩則在找可靠的二手車，這對雙方來講似乎都是件好事。

前輩有搭過K的車好幾次，他叫K不要想太多，直接把車賣給自己。反正如果透過二手車市場賣車，反而會有許多麻煩的事情，和認識的人交易不是比較方便嗎？前輩下個星期馬上就需要車子，所以希望可以在這個星期內談好車的價錢，盡快處理過戶和保險的問題。

K想到不需要透過網站或仲介那種複雜的方式賣車，也不用付手續費，於是沒有想太多就接受了前輩的提議。前輩詢問應該給他多少車的錢，K毫不思考就說一千萬韓元，那是他在二手車銷售網站上看到的平均價格。前輩也同意了，認為那種程度的價格沒有什麼大問題。想以一千萬韓元賣出的人，以及想以那個價格買入的人，兩個人都沒有經過什麼說服過程就結束了交易。

那天晚上K下班之後想了一下交易的事情，心裡不知道為什麼很不對勁。車子很快就賣出去了，應該感到開心才對，他卻後悔把車賣給了前輩。特別是他常常想起在提出一千萬韓元金額的時候，前輩感覺不怎麼在意。

「難道是因為我定價定得太低，前輩覺得賺到，所以才馬上答應了嗎？他居然這麼輕易就同意我提出的數字。我應該把價錢再定高一百萬或兩百萬韓元左右，我好像做錯了，我好像把我的愛車賣得太便宜了，我該不會吃了大虧？」

×

我們換個立場來聽一下前輩的想法吧！當前輩決定要以一千萬韓元的價格買下K的車子後，回家對妻子說：

「老婆，妳知道我們公司的後輩K吧？K的老婆不久就要生小孩了，我覺得他們一定會想換車，所以我今天中午先問了K，果不其然，他說最近在看二手車銷售網站的資訊。

「我出差的時候坐過K的車很多次，那台車就跟K的個性一樣，被打理得很乾淨，沒什麼灰塵，他也經常洗車，還會提前檢查引擎。有一次同事在外面抽完菸坐上車，K突然發火說不想用自己的車載抽菸的人。總之，我今天決定買下那台車，他說想賣一千萬韓元，而我也同意了。妳下個星期就要去出差，等那台車過戶進來後，妳就可以開了。」

前輩的妻子這麼回答：

「不是啊，老公！不管怎樣那台車都不能賣到一千萬韓元吧？那台車的車型已經過時了，二手買入也不需要花到一千萬韓元。你有確認過車的里程數嗎？哪有人只看外表就買車的？而且聽你那麼說，好像是他先開口提一千萬韓元的，他說多少你就給多少，怎麼能這樣？應該要適當殺價一下啊！少個五十萬或一百萬韓元都好。哎呦，真受不了你。」

雖然前輩很堅持地對妻子說，能買到那樣的車已經算是很不錯的交易了，但心裡還是有哪裡不舒坦。仔細想想，妻子說的話好像也沒錯。K會不會不太了解行情，所以要求了最高的價格？會不會不僅沒有友情價，反而還被坑了？前輩開始懷疑自己在買車的事情上是不是太過積極了，甚至還付了不必要的費用。

「早知道他提一千萬韓元的時候，我應該跟他說行情沒有到那麼貴的。我太笨了吧！雖然會有點掛不住面子，但要不要和他說這件事就當沒發生過？不管怎麼想，我好像真的是被坑了。」

×

協商也有一個必須遵守的基本速度。就像開車的時候需要依照交通告示牌上的速度，變換煞車和油門來調整速度，在協商中，雙方也要代表自己的立場調整速度。如果協商進行得太快，可能就會做出草率的判斷或失誤；如果進行得太慢，可能就會失去目的性，雙方都無法集中在協商上。

雖然在協商這條路上，開得太快或太慢都很危險，但我們需要更加警惕的是快速的協商。K和前輩如果在交易前調整好速度，雙方都可以得到滿意的結果。

或許最後讓他們都滿意的金額不是一千萬韓元，而是九百萬或一千兩百萬韓元。

協商不是單純只要當事人同意數字就可以美好地收尾，對於過程的主觀滿意度也是決定結果的重要因素。如果不能遵守速度，交易很容易就會留下後悔或疑問，因為我們在評價結果的時候，會同時使用理性和感性。

如果協商太快結束，即使結果很不錯，心裡也會留下疑問，「如果我那時候這麼說會怎麼樣呢？」不是只有煮飯的時候才需要時間悶一陣子，協商的時候也需要時間探討自己的情感和邏輯。在進行一千萬韓元的二手車交易時，就留下了這種疑問，那麼動輒幾億韓元的買房，或者薪資協商，又會怎麼樣呢？如果每個月二十五號都會懊悔地想：「我簽合約的時候好像簽得太快了。」那壓力應該很大吧？

買下二手車的前輩其實想要幫忙減輕後輩的煩惱，後輩也覺得既然如此，希望前輩可以買到安全有保障的優良二手車。為了不要讓這些善意變成後悔，就需要注意是否超速。為了不要讓自己感到遺憾，以及為了讓對方滿意，一定要遵守安全速度，必須為了雙方騰出思考的時間。

我們來試試看在談年薪的時候，運用這個原理吧！不管自己有多滿意合約上的數字，先花一點時間思考一下。如果覺得這個數字過高了，就更應該要這麼做，這是為什麼呢？因為如果太早接受對方提出的數字，對方可能會覺得「我花那麼多錢太沒必要了」。管理對方的情感也是協商的一部分。不管再怎麼滿意，先休息一個拍子再說：

「您決定付我這個薪水，是有什麼原因嗎？」

這個問題並沒有對於數字的雀躍，也沒有失望。對方會因為那個提問陷入思索，而後說明自己提出這個數字的過程和根據，我們可以藉此理解數字的導出過程，對方則可以慢慢地觀察我們對這個數字的反應。因此，最好經常用以下的話術慢慢地進行協商。

「我已經理解您的提議了，可以讓我考慮一、兩天再給您答覆嗎？」然後回家關上門再開始鼓掌。就算拿到了自己想要的數字，也不能讓我們的喜悅變成協商夥伴的後悔。

要讓對方在看到各位的舉動和語氣後，認為自己提出的數字很合適，甚至是有點少。比起讓僱用我的人在每個月發薪水的時候都覺得「我好像給太多了」，不如讓他認為「沒辦法幫這麼優秀的人才加薪，真是抱歉」這樣子不是更好嗎？

反之，如果對方提出的數字少到令人絕望，該怎麼辦呢？此時需要一邊對情感上的反應盡量保持警戒，一邊問：

「您決定付我這個薪水，是有什麼原因嗎？」

對方應該有提出那個數字的根據，而這個提問給予了他說明那個邏輯的機會。聽完說明之後，再來決定要反駁還是同意。

「我只值得這個薪水嗎？」這是最糟糕的反應。我們必須在別人的邏輯裡，逐一找出可以協商的部分，展現出自己赤裸的情感並沒有什麼好處。

而且此時應該花一點時間，不要馬上下結論。為了離開協商現場到外面擬定策略，在現場時必須克制自己的情感。可以說你需要一些時間思考，再離開現場。爭取時間不僅可以讓各位有時間建立起協商的邏輯，也為對方提供了重新討論協商條件的機會。不需要因為滿意而急促，也不需要因為不滿意而停下。

Chapter 16

只有在點「半半炸雞」的時候才會分一半

公平的意義因情況而異

各位現在有一個課題，那就是要和夥伴平分一顆柳丁，但是桌子上只有一把水果刀和一顆柳丁。我問坐在對面的夥伴，該怎麼分這顆柳丁，夥伴說：

「有什麼好苦惱的？分成一半不就好了嗎？」

各位聽到回答後，陷入了沉思。

「我盡量切成一樣的兩半，然後再讓你先選其中的一半，這樣才算公平吧？」

各位用水果刀盡量把柳丁切成了相同的一半，然後問對方：

「雖然我盡量切成一樣的兩半了，但大小還是會有點不一樣吧？你先選要哪一半，我拿剩下的另一半。」

對方毫不猶豫地選擇了半顆柳丁並離開，各位也拿著剩下的半顆柳丁走了出來，同時這麼想：

「這是我覺得最公平的協商提議，但不知道為什麼有點不對勁。明明準確地分成了兩半，但對方的表情看起來好像一點也不滿意。我在這個協商當中做得對嗎？什麼是我少顧慮到的呢？」

×

還記得之前想買蘋果的媽媽和想買金項鍊的青年嗎？雖然人們都以為自己清楚地知道想要什麼，但其實很多時候並非如此。我們每天都會在要求和需求之間的許多選項中苦惱。想買蘋果的行動可能隱藏著想要養成孩子健康飲食習慣的需求，而想買金項鍊的行動可能隱藏著想要送出比銀還要不容易變色且具有價值的寶石的需求。

詢問坐在桌子對面的人想要什麼，就是確認那個人的需求的過程。協商夥伴的要求只有一個，就是獲得精準的半顆柳丁。但是只知道那個要求就開始對話的話，不僅不能滿足他真正的需求，甚至還可能導致不滿意的協商結果，儘管表面上看起來很公平。

在詢問如何將柳丁分成一半之前，先詢問對方為什麼想要柳丁，怎麼樣呢？雖然我和對方都需要柳丁，但如果兩個人的目的都不同呢？如果各位打算榨柳丁汁來喝，對方打算用柳丁皮製作香料或洗劑呢？在那種情況下，把柳丁精準地切成一半就是最大化彼此利益的方法嗎？

協商包括分配性（distributive）協商和整合性（integrative）協商。**分配性協商指的是透過協商可以獲得的結果是有限的**，也就是說，因為總量固定而相信只能分配這些固定的量。這大概是許多人聽到協商的時候最先浮現的想法。當我告訴人們我是協商講師的時候，大家都會這樣問：

「那妳知道怎麼讓我贏、讓對方輸的方法嗎？請教我怎麼讓他少拿一點、讓我多拿一點的方法。」

舉例來說，當三個人要一起吃八片披薩時，有兩個人可以吃到三片，但有一個人只能吃兩片。

整合性協商是指確認彼此的目的後，導出有利於所有人的結果。透過確認彼此的立場差異，理解對方並獲得更多結果的方法。我把它叫做「協商創意性」（negotiation creativity），即先探索需求再提出各式各樣的協商方案。

這種創意性在我和對方要求與需求發生衝突時，也能發揮出來。例如，我和對方都想要柳丁的果肉，那該怎麼辦？或許以下的方法行得通。

1. 協議好順序再來分：這次把果肉給A，下次則給B。
2. 製造不平等：這次分成七比三，下次分成二比八。
3. 加入替代品：混入葡萄柚或檸檬，再來分配柳丁的比例。
4. 根據品質分配：根據柳丁的狀態調整比例和順序。

我們家不會分片吃披薩。我喜歡吃披薩邊脆脆的部分，老公喜歡加了配料的起司部分，女兒則喜歡沾了適量醬料的麵包部分。因為每個人的喜好不同，所以我們會根據各自的口味分披薩。大人倒一杯啤酒，小孩則倒一杯果汁，把自己喜歡的部分裝到盤子裡吃。我們也不是一開始就這樣吃披薩的，是在吃了好幾次披薩後，觀察重複留下來的部分之後，發現每個人喜歡披薩的原因都不同。

×

另外，協商時一定要留意的部分就是「對方追求的價值」。對於某些人而言，時間比錢還要重要，但對於另一些人而言，工作的結果比一起工作的人還要重要。

假設你是一名建築師，你決定幫四個家庭各別蓋一棟房子。雖然計畫應該在夏天開始，隔年春天建好房子，但夏天的雨以及冬天的雪下得太大，工程進行得比想像中還要慢。你應該怎麼和客戶解決這個問題呢？方法就是必須根據每個家庭認為最重要的價值，提出不同的解決方案。

一號家庭認為時間比錢重要，就算要多付一些工資，也要讓他們可以準時入住。二號家庭比起時間，對於錢比較敏感，因此不能增加蓋房子的成本，可以將完工日期延遲到初夏。三號家庭認為錢和時間都很重要，可以提議簡化裝修，把省下來的錢花在工資上，讓工程可以準時完成。最後四號家庭因為倉儲寄放費用，沒辦法延後日期，因此可以在後院建一個小倉庫，讓他們先搬東西進去。

每個家庭一定都不希望工程有所變動或延長，但是在協商當中，提出有創意的提案很重要。即使不能滿足要求，也應該要提前摸索並提供有創意的選項給對方，因為靈活的協商家總是會這麼說：

「路上塞車，好像不能走這條路了。不過不用擔心，我知道一條可以準時且安全抵達的小路。我會盡量提供您資訊，讓您可以判斷哪一條是最適合旅程的道路。」

公平的定義和範圍會根據情況改變。遇到新的對象和主題時，請在心裡詢問自己，**對方真正想要的是什麼？我該怎麼給出那個東西？還有我該怎麼向他要求我想要的東西？**所有人一定會得到滿意的結果。

Chapter 17 說說看，你的口袋裡有什麼？

隨時思考替代方案

在流通業界工作的L課長，連續四年薪水幾乎都沒有調漲。「等以後公司的情況好轉，就會連這段期間沒能上調的份一起調升。」L相信了社長的這句豪言壯語，認真地投入工作。結婚當爸之後，經濟上的負擔越來越重，他只能不斷節省薪水，咬牙撐了過來。其實，L真的很喜歡自己的工作，他認為流通業很有前景，也相信自己的潛力，甚至週末還會抽出時間學英文，提升自我。

有一天，L和會計組的〇代理相約一起吃午餐，下個月即將跳槽到其他公司的〇說：

「前輩，我不知道可不可以說這種話……但我希望你明年一定要跳槽，因為你待在這個公司裡面實在太可惜了。」

L回說：「謝謝你，但還沒有什麼契機讓我想跳槽，我對現在的工作也很滿意，我想在這間公司升遷。」L表示這份工作很適合他，所以想好好掌握現在的工作內容。默默地聽著他說話的○代理說：

「像你這樣的人才，完全有資格拿到更好的薪水。雖然我沒辦法講出具體數字，但你的年薪真的比其他課長少非常多。你這麼努力工作還沒有拿到應有的薪水，這個樣子也沒辦法成為後輩的好榜樣。希望就算是為了後輩們，你也應該要多顧全一下自己的身價。」

十年前，L大學畢業剛進入公司時，他的上司是一位擁有二十年經歷的部長。部長說，少收多勞者最終一定會得到公司的認可。誠實又溫順的L把這個指點當成是金科玉律，十年間從來沒有請過病假，非常努力地工作。社長總是對他說：「工齡必須滿十年才能提高年薪。」部長和理事也說了同樣的話。

「默默努力工作的人一定會換來好的結果。總有一天，公司一定會補償我。」L抱持著這樣的信念，不知道該怎麼回答○。尤其是自己多做一些超出年薪以外的工作來獲得認可，反而被後輩們認為是愚蠢、沒意義的舉動，他不知道該怎麼接受這個事實。

二月，協商年薪的時間又到了，L今年打算嘗試不同的方法。既然工齡已經滿十年了，他下定決心要拿到好幾年都沒拿到的績效工資和獎金。雖然新冠疫情的影響仍未平息，但去年公司的成果並不差，所以L覺得調漲年薪應該不困難。

在開始協商之前，L整理了過去一年的績效和拿到的簽約，並準備了簽約客戶的目錄。腦海裡想著該如何開口，走進了會議室。

不過看社長的語氣和氛圍，今年他的預想好像又錯了。社長重複說了去年和前年曾經說過的話，他說今年也不知道公司會有怎麼樣的業績，所以很難上調年薪。L沉著地反覆說明自己的業績，尤其是過去三年間的成果。在公司繁忙的時候，他總是毫無怨尤地加班，也會照顧後輩並且主導專案的進行，L提出這些，努力地想說服社長。當L正懷疑自己的話到底有沒有好好傳達給社長時，社長打斷他：

「我知道，我知道你很努力，但我能怎麼辦？公司的情況就是這樣。現在的就業市場也因為新冠疫情並不是很好，能有什麼辦法呢？」

L感覺好像被背叛了。他這麼相信今年一定可以拿到辛苦工作的代價，他到底是為了什麼這麼努力呢？L陷入了愧疚感。昨天還信誓旦旦地跟妻子刻劃了美好的未來，現在卻不知道該怎麼說明這個狀況，無比混亂。

「總有一天，我的努力會被看見的。」

上班前對妻子說過的話，現在變成了無法言喻的失望感。

我的客戶當中，每五人就有一人遇到了和L類似的問題。他們認為年薪協商的核心因素就是腳踏實地，總是懷抱著「只要努力工作，總有一天就會得到應當的報酬」這種信念工作。他們一直以來都很完美地完成份內的業務，對於工作感到自豪，甚至也有很好的人際關係。

如果你們是僱主，會怎麼評價這樣的員工呢？「喔，那就是在說我啊？」如果你有這種想法，很不好意思，從僱主的立場來看，像L這樣的人是最容易應付的員工，總是腳踏實地、非常順從，不會追究或提出要求。因為這種人很重視工作上的自豪感，所以只要適當地給予稱讚和鼓勵，他們就會像是一台儘管不加油也能運作的汽車，自己安分地工作，多麼有魅力啊？

L不僅喜歡自己的工作，還擁有想把工作做好的野心。要怎麼樣才能在保持這種熱情和踏實的同時，還能聰明地拿到成果呢？**那個秘訣就是「BATNA」，藏在口袋裡的底牌。**

BATNA是「Best Alternative To Negotiated Agreement」的縮寫，意思是「在協商破裂時可提出的最佳替代方案」。像是老闆和員工之間，進行交換勞動力和金錢的關係中，該如何讓員工一邊維護自己的威信，一邊得到合理的待遇呢？只要帶來協商當下沒有的底牌就可以了。

來舉一個例子吧？各位正準備買房子，每個週末都會去看房子。某一天找到了一棟滿意的房子，各位仔細看了房子的各個角落並向房屋仲介表達了自己的喜歡。房屋仲介說：

「其實今天早上看這間房子的人當中，有兩個人說了同樣的話，剛剛才聯絡我說想再來看房。如果你真的很滿意這間房子，最好在他們簽約之前，也就是在今天內盡快做決定。」

房屋仲介和各位之間其實並不存在任何人，但聽了這種話，就會覺得協商的主導權已經轉移到了不在場的那兩個人身上。仲介利用這一點形成了ＢＡＴＮＡ，也就是展示了「已經有兩個人跟你一樣，向我表示積極的購買意願」的底牌。如果向對方展示「就算不是你，我也可以和別人完成這筆交易」的替代方案，會怎麼樣呢？協商的主導權就會轉移到這邊了。

好，現在輪到各位。你們的ＢＡＴＮＡ是什麼？仲介收取的手續費和房價成正比，所以房仲希望的是盡快完成交易，而不是降低房價。各位可以利用這一點這樣說：

「剛剛我在來看這間房子之前，已經先看過一間滿意的了。雖然那間房子的坪數比這間還要多一點，但房價都一樣。現在我還在和那間房子的房屋仲介談，我想要比較一下那邊和這邊的條件。如果入住日期和管理費等條件都有符合，其實我可以馬上進行交易，好苦惱喔。」

這就是ＢＡＴＮＡ。需要和協商夥伴進行看不見的角力時，拿出藏在口袋裡的底牌。

現在來幫Ｌ的例子製作ＢＡＴＮＡ吧！如果各位是Ｌ，會想到什麼強勁的ＢＡＴＮＡ呢？遇到不給員工合理的報酬和待遇的老闆時，只要拿出老闆會遭受的不利和不便等相關底牌就可以了。不要跟無法提高年薪的老闆頂嘴說：「您今年怎麼還是這樣？」也不要糊里糊塗地結束對話，我們要向前更進一步。以下的ＢＡＴＮＡ應該可以發揮作用吧？

1. 說明Ｌ目前在準備的業務相關資格證，以及現在在學習的東西可以爲今後的商業帶來什麼正面影響，還有這種能力在其他公司可以獲得什麼樣的認可。
2. 說明如果Ｌ離開他目前負責的專案，會出現什麼問題、對生意會造成什麼影響。也就是說，沒有及時給付獎金，以及好幾年都沒上調年薪，可能會導致員工無法完全投入正在進行的專案。

3. 談好上調年薪的確定日期。如果不能達成共識，請老闆說明，從老闆的立場來看，我今後該如何劃定與公司的關係。

4. 提出以前曾被獵頭公司勸離職，但因爲希望可以獲得加薪或升遷等公司內部的報酬，所以拒絕了所有挖角的事情。（因爲這直接提到了自己辭職的可能性，所以必須小心地使用這張牌。老闆可能會想解僱這個人再僱用其他人，因此最好先用前三張牌確認老闆可以提供什麼選項。）

製作出一張根本不存在的BATNA，而且隨便就展現出來，毫無疑問是一件非常危險的事情。如果接到了獵頭公司電話的這個謊言被戳破，就必須承擔致命的損失，因為協商的基本條件是真實性。

如果想要製作和第四點一樣的ＢＡＴＮＡ，那麼就算是自己主動，也要真的和獵頭公司通話，才能讓事情成真。因為比起在腦海中茫然地把自己想成是重要的人才，成為了解自己真正價值的人才，才能夠增加說服力。

事先考慮好要用什麼順序拿出ＢＡＴＮＡ，以及要拿出多強的ＢＡＴＮＡ。如果覺得辭職是太過強烈的ＢＡＴＮＡ，就應該提前想好減輕業務量、縮小負責的小組等各式各樣的替代方案。

我想舉一個親身的例子。二〇一九年，我開始和一家諮商公司面試時，有預感自己會被錄取，所以馬上聯絡了幾間獵頭公司。我告訴獵頭公司，「我最近正在和一家國際諮商公司面試，而我擁有的資歷很適合那家諮商公司。」詢問獵頭公司可不可以幫我安排和其他諮商公司的面試或面談。

大部分獵頭公司都認為實際在接受面試的求職者很有魅力，因為這種社會上的證據可以提升對方對我的好感。與好的公司進行面試就表示這個人不只很有魅力，而且還具有面試的實力。

我就這樣利用獵頭公司製作了ＢＡＴＮＡ。果不其然，正在招聘員工的諮商公司問我是不是也參加了其他公司的面試。面對這樣的提問，可以簡單地回答，「是的，我也在和其他公司討論就業的事情。」或者「沒有，我完全沒有參加其他公司的面試。」兩者展現出了完全不同水準的ＢＡＴＮＡ。

當然，那家諮商公司也會給我看他們的ＢＡＴＮＡ吧？他們提出了其他求職者的經歷、最快上班日、成果等，展示出自己也有強力的ＢＡＴＮＡ。我的ＢＡＴＮＡ和他們的ＢＡＴＮＡ進行了一場不分軒輊的較量，最後我拿到了想要的年薪和獎金（這部分會在下一章節更詳細地說明）。

雖然我和對方的ＢＡＴＮＡ並不能完美地進行一對一比較，但是告訴對方我具有可靠的替代方案，對協商進行的速度和結果會造成很大的影響。就像是我在程序漫長、又很難談年薪的諮商公司面試當中，找到了用合適的ＢＡＴＮＡ當作妥協點一樣。

那麼再回想一次吧？**為了讓「我」這個資源或我提出的選項看起來很有魅力，應該養成一個習慣，那就是在協商場合之外製造令人心動的方案。**我也要有自己不會吃虧的信心，因為這種想法會讓我們變強。為了不因對方的ＢＡＴＮＡ而遭受打擊或倒下，我們需要練習在口袋裡攜帶強勁的底牌。

努力工作也是一種能力，但是獲得應當的報酬、不失去工作的動機也是很重要的力量。請時刻記住這一點，當我的優秀實力和無法忽視的ＢＡＴＮＡ相乘的時候，我的身價……不對，話語的價值就會達到最大化。

Chapter 18

為什麼只有我的年薪協商失敗？

你和我的最大範圍

那是十一年前我在韓國外國公司工作時發生的事情。當時我負責的業務是招聘，公司正在成長，幾乎所有部門都因人手不足而叫苦不迭，其中銷售組是最急著用人的，我需要僱用約十位銷售人員。

我每天都需要和十到十五位求職者進行一對一面試和團體面試，在我看過的一百位求職者當中，有兩位青年至今仍讓我印象深刻，那就是S和H。

他們年紀相仿，學歷相似，是大學應屆畢業生，打工經驗不到一年。他們有這麼多相似點讓招聘組內部展開了激烈的討論。準確來說是分成兩派，一派把票投給了S，另一派則是H。

最後，直到最終面試也沒有分出勝負，於是決定再單獨面試S和H一次。因為時間緊迫，沒辦法仔細探究兩位人才，所以我直截了當地提了「年薪」。雖然新人通常很少會先提出希望的年薪，但我很好奇他們會說普遍的「起薪就看公司給多少」還是會有不同的回答。

「你希望拿多少年薪？」

S和H給出了不同的回答。

S：「我只是個新人，按照公司的規定給多少我就收多少。我認爲把握就業的機會很重要，所以我想先進公司努力工作。」

H：「我很清楚新人通常不會協商年薪，公司給多少就拿多少，但是我有信心一定會努力工作，取得比別人更好的成果。但我的能力還沒得到認可，所以沒辦法隨意要求拿多少年薪。這麼做怎麼樣？在我結束實習後的六個月期間內，如果我可以達到公司交給我的目標，請給我一百萬韓元左右的獎金。有這種目標，我就能產生明確的動機。」

好，S和H當中，誰最後被錄取了呢？誰才是更適合推銷的人才？

H透過那個面試，不對，更準確來說，是透過那個回答，成為了銷售組的老么。H很清楚外國公司會把高分給積極、有野心的年輕員工，他身為新員工，雖然拿到的起薪並沒有和公司原本打算給他的金額相差太多，但過了一年之後就有了變化。

雖然H的經歷很短，卻拿到了優越的成果，甚至從那間公司跳槽到了其他地方，讓人很好奇他是怎麼工作的。我最後聽到的消息是，他在幾年後跳槽到其他公司當組長，領的年薪是原本的兩倍。

我之所以覺得H的野心很厲害，是因為他向公司提出了「零風險」選項。他自己強調了新進員工可能很不會做事，也沒有任何能力獲得認可，所以公司不必要承擔支付高年薪的風險。他提議公司可以先檢測他的實力，如果滿意再支付代價，也就是「沒有風險的緩期支付」。

還記得前面提過的藍色按鈕嗎？人類會本能地逃避輸和失去，害怕自己下的決定會對自己或自己所屬的組織造成損害。因此，H先向人事主管等公司人員提及沒有必要為了聘僱自己承擔風險，這展現出了他卓越的機智。在新員工的年薪協商中，幾乎不會反映求職者的意見，大部分的人都是二話不說就接受了公司給的就業機會，他卻提出了要把未來的獎金預支到現在的大膽提議。H的提議滿足了公司的需求，他看透了公司的心裡想法，也就是比起給薪，公司更希望能透過選出優秀人才來創造更大的利益。

H很聰明，他很清楚協商的可能性以及自己可以伸手的最大範圍到哪裡為止。**在協商當中，這種部分被稱為「ZOPA」（Zone Of Possible Agreement），即對方可能同意的範圍。**

把情況換成買家和賣家吧！公司是想購買勞動力的買家，求職者則是想銷售自己勞動力和經歷的賣家。觀察年薪協商情況之下的ZOPA，如下頁圖所示。

年薪協商的ZOPA

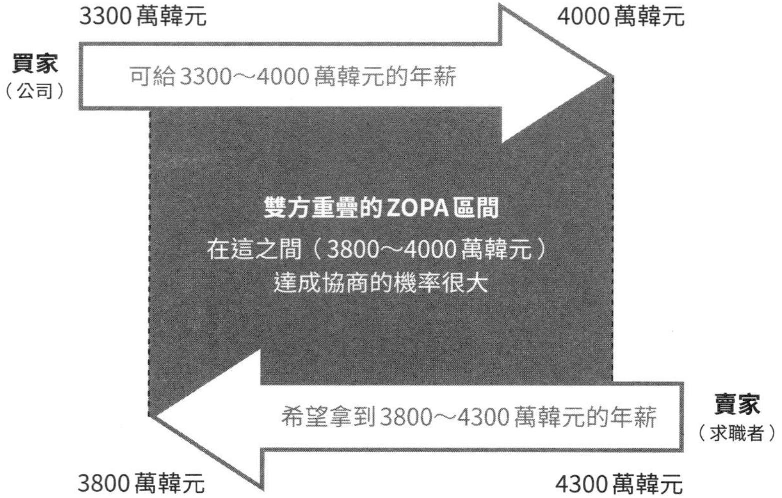
3300萬韓元
4000萬韓元
買家
（公司）
可給3300～4000萬韓元的年薪
雙方重疊的ZOPA區間
在這之間（3800～4000萬韓元）
達成協商的機率很大
賣家
（求職者）
希望拿到3800～4300萬韓元的年薪
3800萬韓元
4300萬韓元

無論是有形還是無形，任何商品的最終價格都是在買賣雙方交集的區間內決定。不知道這個範圍就開始協商，等同於賣家和買家都不知道自己真正想要什麼，也不知道要協商到哪個地步才會得到滿足的結果。

聽起來是不是很理所當然？很遺憾的是，許多人都沒有確定目標的ZOPA範圍就開始協商了，即抱持著「先聽聽看對方怎麼說吧！船到橋頭自然直」的這種想法就開始進行協商。聽完這些，現在腦海裡有沒有想起一些周遭的人呢？

假設某個人事主管打算給新進員工的年薪預算是四千萬韓元左右，他會在一開始就表明「我們公司的預算是四千萬韓元」嗎？大部分的人應該都不會這樣做，最高預算是絕對不會輕易公開的。

一般人事負責人都會透過對話和員工交換點什麼來取得成果。如果是我，就會先提三千五百萬韓元當作出發點，然後經過幾次上調的過程，慢慢增加到四千萬韓元為止，因為協商需要用適當的速度來交換自己想要的東西，也就是持續退讓和拔河的過程，直到變成自己心裡定下的數字。

有些人會覺得這種人事主管很討厭，我遇過很多人都會這樣指責說：「明明自己也是員工，一定要站在公司的立場，想盡辦法讓同事的年薪降到預算之下嗎？」但是說那種話的員工也不容小覷。就算向那種員工說明好幾次，四千萬韓元已經是最高預算了，他們也還是不願意相信，想盡辦法要將年薪提高到四千一百萬、四千兩百萬韓元。事實上，只有經過推拉的這種緊張的拔河過程，才會產生已經盡力的滿足感。跳過這種過程，就會有好像哪裡吃虧了的感受。

在沒有參與這種拔河，只說了「請你自己配合我吧」的這種人當中，很少有人能夠顧好自己的權益，就算人事主管有意支付四千萬韓元也一樣。如果求職者已經滿足於三千萬或三千五百萬韓元，那就沒有必要再提出四千萬韓元的數字吧？即使存摺裡面有三億韓元，如果賣家喊出的房子售價是二點八億韓元，那麼應該不會有買家突然提三億韓元吧？

我們每個人都在各自的ＺＯＰＡ裡面，必須自己定好最高和最低點並在那之間移動。不清楚自己的身價目前在市場上是多少、基準點在哪裡，年薪就只能被人事主管左右。

從房價、年薪、專案預算，到打工時薪等，都需要建立由自己主張的ＺＯＰＡ。**如果不維護自己的範圍，就只能被比我想得更多的人牽著鼻子走。**現在來想一下你的範圍並寫下來吧！

Chapter 19

最後留下的情感 這個真的買得很便宜，對吧？

我在上大學的時候，網路購物還沒有現在這麼發達。雖然衣服或書等小物品很容易購買得到，但像家具一樣體積大、會用很久的東西，通常要去家具店或百貨公司購買。

有一天，我聽說家裡附近的家具店舉辦打折活動，剛好媽媽的床需要換新，於是我們一起去了那間家具店。買一張床至少會用五到十年，所以我挑選得特別仔細。

家具店老闆為來買床鋪的我們母女倆提供了三個選項。A的價格最貴，B賣得最好，C則一看就是便宜貨，我把選擇權交給媽媽，讓媽媽看了價格、材質和設計後決定。仔細看過目錄和展示在賣場的床鋪後，媽媽喜歡中間價格的B，詢問老闆可以給我們多少折扣。老闆說現在的活動已經打八折了，沒辦法再打折，在談了好久之後，老闆才嘆了口氣，再多給我們得來不易的5%優惠，也就是說，老闆考量過利潤後，讓我們將原本一百二十萬韓元的床鋪砍到九十萬韓元。

然而不能小看媽媽的砍價能力，媽媽不會這麼輕易就收手。

「用現金付款的話，不是會折五萬韓元嗎？請你收現金，算我八十五萬韓元，趕快結束這個交易吧！」

媽媽和老闆的拉鋸戰開始了。五萬韓元不行，只能再減兩萬韓元。不能減五萬韓元……結果媽媽使出了必殺技，那就是一張一張地數著從銀行領出來的一萬韓元紙鈔。老闆看到了那一疊現金，才終於願意妥協並拿出了交易明細表，他這麼說道：

「哎呦，您真不簡單，算我輸了，您開心就好，但是以後一定要常常過來光顧喔！知道了嗎？」

走出家具店後，媽媽看起來洋洋得意。

「我們真的買得很便宜，對吧？」

用八十五萬韓元的價格買到定價一百二十萬韓元的床，省下了三十五萬韓元，媽媽很自豪地回到了家。

床送到家裡的前一天，我偶然點進了一家購物網站，在我毫無想法地滑動頁面時，看到了一個很眼熟的家具，正是一個星期前買的那張床，但床的價格竟然只要六十五萬韓元。我們在賣場買的時候，甚至還多付了兩萬韓元的運費，但在網路上卻是免運費，我的腦袋頓時一片空白。

我實在不忍把明天早上就會送到我們家的床的實際價格告訴媽媽。雖然很希望可以取消床的運送，但它還是準時被送到了。幸好媽媽很喜歡新的床，近十年來都使用著這張六十五萬韓元，不對，是八十五萬韓元的床。如果只把這則小插曲視為線上和線下賣場價格差異的例子，那未免太可惜了，以下我便整理了幾點我學習到的教訓。

×

我在教協商的時候，總是會有模擬協商的時間，大部分學生都會很認真地參與這個過程。實際練習才只過五分鐘，教室裡的氣氛就變得高漲，大家都很投入對話，甚至不在意我是坐著的。從那時起，我就會像刑警一樣，把學生們說的話、行動、眼神都記在筆記本上，因為我想在練習結束後給他們反饋。

有時候只觀察幾分鐘，我就可以清楚地預料到結果，因為參與對話者的表情、動作、眼神、用字都會左右著協商的氣氛。我把那些行動和話語大致分為以下三種。

1. 專制、獨斷的類型：嗓門很大，在對話當中，說話多過於傾聽。一般來說，在協商當中，比起把精力集中在一個人身上，更常會出現利害關係錯綜複雜的情況，但這種類型的人相信自己掌握了協商的關鍵。

2. 被動、消極的類型：雖然擁有各式各樣的協商權，但未能充分利用，也未能好好講出邏輯，因爲這個類型只會聚焦在自己的弱點上，總是想盡量快速地結束協商。對於交易本身感到痛苦，毫不猶豫地自動成爲弱者。

3. 中立、善於傾聽的類型：試圖在關係當中解決協商。雖然要解決的問題很艱澀，但這個類型相信每個人都很溫暖，無論對方說什麼，他們的感情起伏都不大。他們想把協商變成是一起獲勝的博弈，尤其專注於對方的滿足感與勝利感。他們會引領對話直到對方滿意爲止，再進行收尾。

家具店老闆是第三種類型。即便協商對自己有利，也始終不會放鬆警惕，專注於對方的情感，特別是勝利感，讓對方認為在這個交易中獲得了比自己更好的結果。

心理學將其分為經驗自我和記憶自我來進行說明。也就是說，根據在回憶的時候，以什麼樣的情感結束，整件事情就會產生正面或負面兩種完全不同的解釋，這個原理也適用於協商當中。**尤其是越困難、越複雜的交易，越要時刻注意對方最後記住的感覺，也就是「對於和我協商本身的好感」如果可以讓對方覺得在這個協商當中受益了，就可以和對方維持更長久的關係。**這個協商並沒有輸家，就像家具店的老闆讓我媽媽成為情感上的贏家，讓自己成為實際利益上的贏家一樣。

協商是繞一圈來滿足自己需求的過程。

即透過觸動他人的欲望來滿足我的欲望。

如果只說出了自己的需求，訊息是無法順利傳達出去的。

請記住，為了得到想要的東西，

必須要能夠提供有用的價值給對方。

Part 4

除法

如果分享之後，
也不會不夠

Chapter 20

給予者真的會成功嗎？ 失敗的給予者與成功的給予者

K是在資訊科技公司銷售部門工作了十五年的資深員工，同時也是兩個兒子的母親和工商管理碩士。這樣的她在去年和今年都傳了訊息告訴我，她在部門裡拿到了銷售業績第一名。在新冠疫情期間，與在家學習的兒子一起工作並非易事，但她卻取得了好的成果，我真心地回傳了訊息恭喜她。

幾個月後，K沮喪地打了電話給我。她明明在兩年間都是銷售第一，卻拿不到自己想要的薪資，也無法得到升遷。我本來想表示惋惜，但她這麼說：

「讓我生氣的其實不是薪資或升遷，比起那些更讓我失望和生氣的是，一名同事的突然辭職導致我被連累了。就算徵召新人進來也還是人手不夠的情況之下，我卻在今天接到通知，辭職同事的所有業務將全部轉交給我處理。講師，妳也知道吧？上司擁有我薪資和升遷的決定權，我怎麼敢拒絕呢？

「我以為辭職同事的業務理當會由剩下五名同事一同分擔，卻覺得被暗算了。上司對我說：『妳可以做做看吧？如果是妳，應該能做到。』我為什麼一句話也說不出來呢？了解後，我才發現因為辭職同事的業務和成果沒有關係，同事們早就已經計算好並往後退了一步。唉，結果又只有我被陷害了。為什麼這種事一直反覆發生呢？我也想堂堂正正地提出自己想要的東西，但心裡好像有個障礙。」

「妳覺得那個障礙對妳說了什麼？」

K毫不猶豫地回答：「當一個溫暖又親切的下屬吧！這樣不僅可以滿足上司，最終也會有助於升遷或者加薪。」

「今年是誰被升遷了？是誰升到了妳無法去的位子？」

K沮喪地低聲回答：「一名總是準確地做完自己的份內工作、年資比我少兩年的男後輩。他好像覺得我很可憐，對我說：『明年，不對，後年妳一定會有機會的。』那句話讓我更受傷。奇怪的是，那句話聽起來就像是在說我明年和後年都不會有機會。」

那時候放在桌上的書——亞當・格蘭特（Adam Grant）的《給予》（Give and Take）映入眼簾。書的封面寫著這個句子：「給予者會成功。」

÷

給予者會成功這句話本來就有點迂腐，我這一輩子給予的次數已經比索取還要多了，這句話聽起來又像是在要我給予。如果給予者會成功，那K為什麼既沒有被升遷，也沒有得到加薪，一直在原地踏步呢？為什麼被連累了，還只能責怪什麼話都說不出來的自己呢？

格蘭特教授說的「給予者」（giver）的定義有點不同。根據他的解釋，給予者有兩種：第一種是失敗的給予者，也就是我們常說的「冤大頭」，意思是拿不到實質利益的人，即使付出了也會被無視。這種人習慣於過度付出，忙著為身邊的人犧牲，輕易放棄權利，在對話當中沒有力量，總是被欺負。因為連保護自己的基本能量都無法守住，而感到憂鬱或痛苦不堪。

那麼成功的給予者是怎麼樣呢？他們表面上看起來很為人著想，但其實也會積極地謀求自己的利益。他們不會為了別人過度消耗自己，而是會聰明地顧好自己的安危。他們會雄心勃勃地制定自己的利益目標，並依此選擇要在何時、何地、如何，以及對誰付出。他們充分明白照顧自己與照顧他人有一樣的價值和喜悅。

既然要給予，那麼當一個成功的給予者才是更明智的選擇。現在換個立場想想吧！無論是什麼都會不顧前後付出的同事，以及會為人著想、親切又通情達理的同事當中，你想和誰一起工作？**如果懂得對給予和接受都同樣積極的人屬於聰明人的觀點，就會明白給予和接受的方式都是影響工作的重要因素。**盲目的親切無論是對於自己還是他人，都不會留下好的印象。

我問K：「妳明明有好的業績，為什麼還是覺得很難提出升遷或加薪的要求呢？又不是業績一塌糊塗還要求升遷。」

K這麼回答：「我不想那麼自私。為了自己提出要求好像是一件壞事。」

「等一下，我有個疑問。一個很難向別人要求什麼的人，怎麼會連續兩年拿到銷售業績第一名呢？」

「不是啊，銷售不是為了我，而是為了我們公司的事情嘛！因為是有助於我們公司的事情，所以我不會覺得那很自私。我最近還幫了批發銷售部的同事，甚至不是零售部的。我救活了差點破裂的協商，但奇怪的是，我很會這種為了大義的事情，卻很不會為了自己的事情。」

我聽了她的回答，頓時靈機一動。

我的解決方案就是，「為了其他大義進行說服和協商吧」。如果覺得為了自己要求升遷或加薪很自私，那麼想成是代替努力工作的職場媽媽同事進行協商怎麼樣？對於像Ｋ一樣，覺得協商很困難的女後輩們而言，這會成為一個很好的榜樣。或者站在一個做為一家之主的母親立場，用不同的方式下定決心如何？

卡內基美隆大學經濟學教授琳達．巴布科克（Linda Babcock）對於雖有實力但不擅長要求報償的女性，提出了這樣的建議：「不要把自己想成是要得到升遷的員工，應該想像自己是代替那位員工參與協商的顧問。」Ｋ正好很符合這個情況。

我的意思不是指所有女性都擁有失敗的給予者特質，或所有男性都擁有成功的給予者特質。以我們夫妻倆為例子來看，我在協商和說服上具有攻擊性，但我老公卻截然相反。這不是因為性別上的差異，而是看待協商和說服的觀點上的差異。如果天生就具有利他的傾向，反過來利用那個觀點反而會更有效果。

我委婉地告訴Ｋ，下次要為了上司，更加積極地去要求升遷和加薪。多照顧在工作上表現出色的人，不僅是領導的成就和幸福，也是組織的利益。我建議她，為了讓上司做出有效率的決定，她應該要多訓練鞏固自己權益的技術。我還補充說，組長一定很需要可以獨自解決不滿的組員，請她站在上司的立場思考。

K似乎體會到了什麼，應聲說好。

半年後，K用利她的心理當作墊腳石，成功得到升遷，而且不出我所料，她的上司是最祝福她升遷的那個人。

Chapter 21

請用時間劃分危險

提高協商能力的協商筆記

我在研究所講課的時候，曾經向學生們強調過這一點：

「你的協商結果在進去協商場之前就已經決定了。」

那是什麼意思？和協商對象見面，針鋒相對地提出彼此的主張後，又還沒有達成協議，怎麼會知道結果呢？這是因為80％的協商取決於「準備」。即使對方出現意想不到的反應，協商高手也能夠沉著地應對。之所以可以這樣，就是因為那個狀況已經先被預想過了。

希望得到想要的東西時，任誰都會緊張，因為我們很清楚單憑一句話就可能破壞對方的心情，也有可能會把朋友變成敵人。如果不想在這種協商上犯錯，就必須做好充分的準備，而且準備需要一直持續到和協商對象見面的前一秒為止。

來舉一個更詳細的例子吧！A總是喜歡即興做所有的事情，根據當天的心情，他的語氣也會變得不同。A不會考慮到塞車等變數，所以經常遲到。他的協商風格也是「先開始再盡力吧！」因為A覺得反正在協商當中，誰會出場、要先談什麼、要怎麼結束協商，沒有一件事可以自己決定，幹嘛要提前白費力氣？他相信只要當下根據對方的行動來應對就可以了。

B和A不一樣，不管是什麼事情都養成了提前確認和準備的習慣。他喜歡提前在網路上搜尋和收集資料，去旅行的時候也會考量所有的變數。雖然氣象預報沒說會下雨，但為了以防萬一，總是帶著雨傘；不知道電池什麼時候會沒電，所以總是帶著充電器。B的這種習慣延續到了協商上。

B總是會在協商開始之前，盡量詳細地調查對方。如果有共同認識的人，就會打電話給共同的朋友，詢問對方的各個方面。自己即將要見面的對象講話是快還是慢、喜歡什麼顏色，甚至還會問有沒有寵物等，並把這些都寫下來。

雖然我舉的這個例子很極端，但各位應該可以知道我想表達的差異吧？大部分的人都處在A和B之間。一邊觀察對方，一邊悠哉地進行協商的人，以及盡量提前準備，在腦海中預想對話並努力減少失誤的人，以平均來講，誰更可以將協商引到有利於自己的方向呢？

如果你需要在職場上進行各種協商和說服，那麼一定要擁有一本以上的協商筆記，這是我最近給我指導的客人的誠心建議。這個筆記是為了寫下在會議前、中、後，自己準備的東西、做得好的地方、失誤的地方，或需要改正的地方等。

我身邊大概每十個人就有九個人覺得協商很困難，那九個人在每次協商的時候，都會重複犯下同樣的錯誤。例如，去年失誤沒能談好年薪，今年卻又犯下了類似的錯誤。就算想要改變情況，他們也不知道應該修正什麼，最後自暴自棄。對這樣的人來說，準備就是生命。

÷

那麼該怎麼寫協商筆記呢？每個人對於傳統紙筆或電子設備的喜好都不同，所以其實用什麼方式都沒關係。如果是用電子設備，那麼比起電腦的資料夾，記錄在雲端資料夾等可以隨時隨地查看資料的地方，應該更方便。如果比較喜歡用傳統紙筆，就可以記在方便攜帶的日記本上。需要寫在筆記上的內容如下：

〔協商、會議、對話的準備檢查〕

1. 上次協商的過程和教訓
2. 這次協商的目標和要嘗試的事物
3. 可預測的變數

〔協商、會議、對話，對於對方的分析〕

1. 協商時，可預想到的他（他們）的要求和需求
2. 溝通時的特別之處？
3. 上次協商時最吃力的部分和原因

〔在協商、會議、對話過程中學到的東西〕

1. 在這次協商中了解到的特別之處
2. 提前準備的事物當中的有用之處和不足之處
3. 如果重新進行這次協商，你想修改哪些部分？

其實以上這幾點取自我之前教導台灣高層公務員協商時所整理的內容。政府的內部和外部協商很多時候很難預測或回想那個過程，因此很難只看最後的結果

來評價協商的成敗。我為了導正這種錯誤，制定了上述清單。

對話結束之後，雖然不能重新把對方叫回來，請他坐下來分享回饋，但我們可以自我檢測。**假設自己面前有一面鏡子，光是一一回顧自己在協商時的想法、說過的話、做過的舉動，就可以大幅提升協商能力了。**因為溝通當中也存在無意識的習慣，只要稍微修正一下壞習慣，就可以帶來完全不同的結果。

以下我要介紹一下如何回答上述這幾點的具體例子。

〔協商、會議、對話的準備檢查〕

1. 上次協商的過程和教訓：我在去年協商年薪的時候，配合了公司希望的金額。我以爲大家都是這樣，但幾個月後才知道向公司提出異議的人，成功提高了年薪。組長請我諒解公司的情況，而我太過輕易就同意了，眞是個大失誤。

2. 這次協商的目標和要嘗試的事物：最近三年間的年薪幾乎沒有變，今年我打算提出這個問題。爲此，我將評價資料、業績都歸檔整理好了。我的目標是提高10%的年薪，最低是7%。我要從12%～13%開始協商，引導對話在10%的時候結束。

3. 可預測的變數：第一次的嘗試可能無法馬上提高薪水，或許還要再開第二、三次會議，所以一定要堅定地下定決心。

〔協商、會議、對話，對於對方的分析〕

1. 協商時，可預想到的他（他們）的要求和需求：公司不都是想少支付一點錢，讓員工做多一點工作，取得更多的成果嗎？我覺得下次可以更頻繁、更確實地提到我已經實現的成果，因爲我提加薪的要求和我做的工作相比是很合理的。公司如果擴大規模，機會無論如何都會回到工齡長的人身上，所以與其考慮跳槽，不如多想想如何在這間公司長期工作，成爲組長。

2. 溝通時的特別之處？：上司調換了部門，因此好像需要了解更多關於上司的資訊。組織內的變化頻繁，所以也應該要注意和其他部門負責人建立起緊密、良好的關係。

3. 上次協商時最吃力的部分和原因：組長總是說人事權不在他本人的權力範圍內，而是人事組的權限，藉此推託，我不知道該如何應對他。

〔在協商、會議、對話過程中學到的東西〕

1. 在這次協商中了解到的特別之處：組長並沒有想像中的高姿態，讓我很驚訝，即便如此，他也沒有馬上接受我的提議。雖然公司表示會盡量體諒員工，但如果達不到我想要的標準，那還有什麼可以在協商時提出呢？

2. 提前準備的事物當中的有用之處和不足之處：雖然檔案整理得不錯，但協商時間太接近下班時間了，組長和我好像常常在看時鐘。在早上或中午過後開始協商應該比較好。

3. 如果重新進行這次協商，你想修改哪些部分？：由於沒有在其他公司和我做相似工作的人的相關資料，只能用公司內部的標準爲根據說明，讓我覺得很吃力。應該要多找一些中立的資料來參考。

4. 在這次協商中學到的東西、領悟到的訣竅：在組織內部進行的年薪協商中，雖然首要目標是獲得好的結果，但我的身價並不一定要透過這間公司決定。即便我沒有想要馬上跳槽，但最好時刻都有一個B計畫。

Chapter 22

如果能在二十分鐘內賺到三千萬韓元 畫出欲望地圖吧

在二〇一九年底和我談論新年計畫的老公向我提出了心裡的願望，他想在明年搬到父母家附近的小公寓。老公已經離開故鄉英國超過十五年了，所以這個提議讓我有點驚訝，但我完全可以理解他的那種心情。不知道英國房地產買賣過程的我先對這個決定表示了支持，老公說，要是我有需要幫忙的事情，隨時都可以告訴他。

幾個月後，老公發現了一個房地產工程，也就是將長期閒置的四樓工廠改建成住屋的工程。聽說在英國，保留老舊工廠的骨架改建成住屋出售的情況非常普遍。雖然我也曾在韓國看過將廢棄工廠改造成咖啡廳或展示場的報導，但還是第一次知道也可以改建成住屋。

老公非常滿意那間房子，而我對房屋的結構和氛圍都很不熟悉，所以把所有的決定權交給了老公。為了向銀行貸款進行交易，我們聘僱了律師，但在這個過程當中，身為韓國人的我好像沒有什麼可以幫上忙的。「既然他那麼喜歡，那麼應該馬上就會開始進行交易和議價了」，我抱持著這個想法過了兩個月。到了三月的時候，我都沒有聽到什麼消息，於是問了老公：

「那間房子的交易進行得怎麼樣？」

老公不悅地回答：「雖然我很想買，但房價超過了預算，現在進退不得。」

我問他那麼這三個月和房地產業者談了什麼，他說：「沒有任何進展。」

「不是啊，為什麼到現在都還沒有談到什麼？現在房價最低協議到多少？」

老公聽了我的提問，看了我一眼並回答：

「妳不是對英國房地產市場一無所知嗎？這裡的氛圍完全不一樣。我一想殺價，對方就斬釘截鐵地說沒有在降價的。英國的房價沒有那麼好殺價。」

聽完了他的話，我說：

「我知道房價是由需求和供給決定的，交通便利性和開發可能性等也會對房價產生影響。我也知道你在看的那間房子還在開發中，尚未完工，而且地點不是在倫敦那種大都市，而是在沒有那麼繁榮的地方。雖然我沒有在英國生活過，但我很難接受你就這麼斷定英國的房地產交易無法協商。尤其現在因為新冠疫情，連完工日期都沒辦法確定下來，不是嗎？這個條件應該可以引起他們對買家的好意。我想要積極一點參與房價的協商，你覺得怎麼樣？」

斷定在英國無法對房價議價的老公對我說，我這樣簡直就是「以卵擊石」。到底誰是卵、誰是石，先試過之後才能知道吧？好，我們先來看結論吧！我的房地產協商會有什麼樣的結果？

我讀過老公和房地產業者的所有電子郵件後，制定了新的策略，並傳了一封電子郵件，一開始就拿到了三千萬韓元的折扣。老公看到我光用一封信就砍了三千萬韓元，完全不敢相信，感到雀躍不已。他試圖議價的時候，曾經表示「沒有那種折扣，要買就買，不買就算了」的那個房地產業者，居然爽快地改變了態度，難怪他那麼訝異。但是我不止步於此，再次拿到了三千萬韓元的折扣，總共砍了六千萬韓元。

在這場協商當中，受到最大衝擊的不是房地產業者，而是我老公。他曾經訓斥我，不懂就別參與進來，結果卻好像挨了一記悶棍。老公很好奇不了解英國房地產市場的我，到底是怎麼協商的。

我不是英國房地產市場的專家，但是如果理解市場的原理和房地產業者的欲望，那麼不管那個房地產是在英國、美國還是韓國便都無所謂了，因為這一切都只是一場博弈，是減少製作東西來銷售的人，以及想用最好的條件買下那東西的人之間的立場差異。

我為什麼可以拿到第一個折扣呢？當時英國因為新冠疫情陷入了混亂，這個環境因素起到了一定的作用。我在傳出電子郵件之前，上網調查過那個地區的待售房屋，在英鎊貶值的時候提前匯款到英國的帳戶，並且故意把這件事情寫在信件裡。我實際寫在信件中的內容如下：

1. 最近一英鎊從兩千韓元跌到了一千五百韓元，所以我已將所持有的外匯兌換成英鎊匯款到英國帳户了。（將匯款明細截圖後，附檔在信件當中，強調我們已經做好可以馬上買下房子的準備）
2. 很多人因爲新冠疫情失去了工作，或者沒辦法去學校上課，那個城市的景氣是否有受到影響？您認爲以後房地產市場的前景如何？（提問讓對方間接承認房地產市場的蕭條現象）
3. 我調查了目前該地區的房地產出售情況之後，發現好像有很多的急售公

寓，這種變數不會影響我們想購買的公寓價格嗎？（表現出自己隨時在觀察市場的供需）

4. 新冠疫情可能會導致工程無法在約定好的日期完工，目前的房價有反映了這些風險因素嗎？如果我們向銀行貸款付了錢，卻無法及時完工，可以獲得什麼補償？

5. 我知道你幾個星期前已經表示沒辦法降價，但在這種情況下請問你的想法還是沒有改變嗎？真的沒有再去和你的經理或相關部門商議，提出新報價的餘地嗎？我們的購買意願很明確，希望你們可以重新討論我們的要求。（說明自己理解他不久前才說了不行，突然改變意見並不容易，希望他可以和團隊討論並提出新的意見）

我寫這封信花了二十分鐘左右，因而獲得了三千萬韓元，與消耗的時間相比，這是很有效的嘗試。在韓國進行房地產交易的時候，通常偏好用傳訊息或講電話的方式，但英國則偏好透過電子郵件慢慢地交換意見。當然其中一個原因是我們夫妻住在新加坡，由於時差的關係，通話並不方便。

一個星期之後，看到業者願意讓我們折價三千萬韓元的郵件時，老公甚至懷疑自己看錯了。也就是說，他說無法跟房地產業者協商的說法是錯誤的。不對，即便他沒有說錯，但新冠疫情改變了情況，所以很難再堅守原本的立場。只是減少三千萬韓元就已經讓老公很驚訝了，我卻對他說：「其實這個金額基本上還可以再繼續砍，所以並不能說是真的拿到了折扣。」而後我設想了新的劇本，展開了拉鋸戰。比起三千萬韓元之後還可以再砍多少錢，對我來說更重要的問題是，在這個過程當中是不是已經把所有可以試的博弈都試過了。最後，我再次拿到了三千萬韓元的折價。我在第二回合使用的技巧如下：

第一，讓房地產業者和老公同舟共濟。我先把擁有這筆交易最終決定權的人設定成身為妻子的我，老公為了說服態度強硬的我，需要房地產業者的幫忙。也就是說，老公非常想要促成這次合約，所以需要你的幫忙。

比我老公大幾歲的房地產業者對此深有同感，因為他的妻子也總是讓交易變得很難進行。就這樣，他們兩個人擁有了要促成房屋買賣的共同目標，對話的氣氛變得非常柔和，產生了可以再次協商的可能性。

第二，房價裡包含的手續費、稅金、管理費等轉由賣方承擔，而非買方。房價這個大帳單裡面有各式各樣需要支付的零碎款項，其中有很多要素都包含在服務費當中。我要求公司調查這些款項，確認一下有沒有可以由他們負擔的部分。我沒有一味要求他們降低價格，而是提議，「這些服務細項由我們負擔一半，公司負擔另一半怎麼樣？」也就是接受提案的一部分。降低手續費最終也等同於減少需要從錢包裡掏出的錢，所以我們也獲得了實際減少房價的結果。

第三，將額外的風險槓桿化（leverage）。我在研究英國房地產的時候，了解到英國有租賃保證（rental guarantee）。我們夫婦暫時不會在英國生活，所以需要以月租形式來支付購買的房子。此時，公司需要承擔萬一我們沒有繳月租的風險，這個制度就是租賃保證。如果在兩年間，沒有人住進我們買下的房子，公司就要支付一部分的月租費。我們最終協議好將這個制度納入合約中。

透過研究各式各樣的條件，最後我們才得以殺了六千萬韓元的房價。

÷

等一下，有些讀者可能會懷疑，房地產業者在我老公要求房價折扣的時候，沒有任何表示，為什麼卻給了我折扣？讓我們再細究一下這個部分。

我先舉一個例子，假設各位正努力地在公司工作，有一位後輩走過來這麼說：「前輩，我現在口很渴，我很喜歡喝冰美式咖啡，你可以請我喝杯咖啡嗎？」你們聽到這句話會有什麼心情？大部分的人應該會露出錯愕的表情。或許各位的腦海裡會覺得：「不是啊，我為什麼要請你喝你喜歡的咖啡？那對我有什麼好處？」**像那樣單方面地向對方要求自己期望的話語當中，沒有任何力量，反而會引起人的反感。**

老公盲目地要求折扣的話語也是同樣的道理。只向房地產業者提出買家的需求，會怎麼樣呢？因為我們的預算有限，所以降低一些房價吧？真的會有人像是等我們說出這句話等了很久一樣，馬上就答應提供折扣嗎？

尤其那個房地產業者是企業底下的業者，因此網站上已經有標示著明確的房價了，完全不是那種沒有特別的定價，所以可以一邊聊天一邊看氣氛議價的情況。

為了進退不得的老公，我在捲起袖子開始協商之前，自己先做了功課。**這個功課我稱之為「繪製欲望地圖」**。這個地圖就像下頁圖所示。

欲望地圖

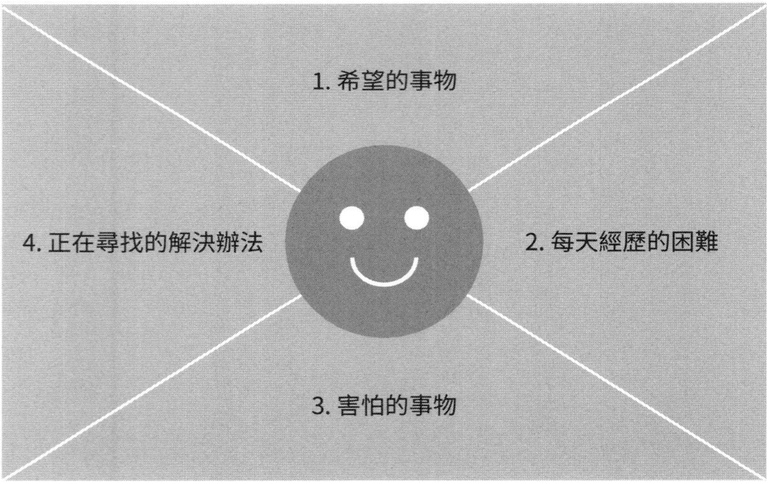

在欲望地圖的中心畫上對方的臉。如果是為了自己的協商，也可以加入自己的臉。繪製這張地圖是為了了解對方，我認為房地產業者的欲望地圖如下。

1. 希望的事物：遇到明確的買家，迅速完成交易，準時將包含在這次專案中的二十間待售房屋全部售出。
2. 每天經歷的困難：因爲市場不穩定，所以只問不買的買家很多。每天都要回覆許多聯絡和進行協商，所以身心都很疲憊。還有一些客人因爲新冠疫情引起的焦慮感要求取消合約。
3. 害怕的事物：爲了要得到公司的認可，必須在有二十間待售房屋的情況下提高業績，因而倍感壓力。
4. 正在尋找的解決辦法：在現在和未來持續提高業績。

現在已經畫好了欲望地圖，你有看出什麼嗎？需要說什麼話或建議，對方才會欣然接受呢？我整理好了每一點的答案，以下就是我寫在第一封郵件裡的內容。

第一點的答案：不要變成裝作要買卻只有問問題的買家，應該展現出自己是篤定的買家的模樣。（我剛好想在英鎊貶值的時候兌換貨幣，我可以提供向銀行匯款的明細）

第二點的答案：盡量利用新冠疫情這一個變數，請對方將市場變化的狀況重新反映到房價上。（不是個人想法，而是向對方請求自己想知道反映了社會變動的房價）

第三點的答案：房地產業者有所屬公司，請他和團隊一起討論是否可以提供折扣。（雖然自己說出無法提供優惠是一件很容易的事情，但我認爲如果他有意願提供折扣，那就一定要經過團隊內部討論協調和確認的過程）

第四點的答案：如果這筆交易順利完成，自己可以幫忙推薦貴公司給在新加坡工作的英國人，特別是想在本國購買房屋的人。（沒有任何推銷員會討厭客人願意介紹像我們這樣的潛在消費者給他們）

繪製欲望地圖大約花了五分鐘。如果沒有這五分鐘，我可能只能寫出「我喜歡喝咖啡，請幫我泡一杯咖啡吧」之類的內容。換個角度用對方的思緒和心情來思考，就可以想出能夠打動對方的提案。

協商是繞一圈來滿足自己需求的過程。即，透過觸動他人的欲望來滿足我的欲望。如果只說出了自己的需求，訊息是無法順利傳達出去的。

讓我們回到想喝咖啡的後輩的故事吧？站在後輩的立場，要怎麼樣才能讓前輩欣然答應請喝咖啡的要求呢？不能用威脅的，而是要讓前輩心甘情願請喝咖啡的方法，現在有想法了嗎？

答案就是減少前輩的恐懼和困難，增加他的希望和解決辦法。如果前輩因長期單身而感到孤單，那麼就可以稍微提起相親的話題來展開對話。如果前輩需要一次完成好幾個專案，忙得不可開交，那麼可以提議自己或許幫得上忙。這樣的話，不只是請喝咖啡，前輩甚至可能會請自己吃一頓熱騰騰的飯。

請記住，為了得到想要的東西，必須要能夠提供有用的價值給對方。了解那個價值是什麼的過程，需要從找出方法來減少對方的風險、增加對方的好處開始。「我想喝咖啡，你請我喝吧！」各位現在知道這是多麼拙劣的策略了嗎？如果暫時先隱藏起自己想要的東西，繪畫出對方擁有什麼樣的欲望、該怎麼樣減少或增加那個欲望，那麼對方自然而然就會傾聽我們的話了。

Chapter 23

算除法的時候，數字會留下

擺脫自我中心主義

不久前，我和一個後輩以及四個朋友見面了。我們一起喝茶的時候，後輩談起了這個話題：

「我很認真地工作，也做得還不錯，但奇怪的是，別人都可以升遷和加薪，我卻每次都失敗。問題好像是出在我的說服能力，但我完全不知道具體的原因。」

聽到這些話後，在場沒有人懷疑後輩一定有充分做好自己的工作這一點，也堅信後輩不是因為工作做得不好才受到那種待遇。就像胳膊總是往內彎這句話一樣，大家都站在後輩這邊說：

「你所在的那個部門和那個部門主管跟你不合，要不要趁機會換個部門？」

「你所在的那個公司的年薪體制好像有點小氣，如果你要換部門，乾脆直接離職吧！」

「不對，你那個產業群的前景不是很模糊嗎？如果要離職，乾脆徹底換個跑道吧！」

聽了前輩們的建議後，後輩的臉上逐漸充滿了問號。協商不成的原因真的是因為外部條件嗎？我們是不是只專注在後輩認真工作的部分，迴避了真正失敗的原因呢？在這其中靜靜聽著他們談話的我提出了一個建議：

「我們這樣試試看怎麼樣？假裝我是上司，你用五分鐘的時間說明一下你今年的績效。如果五分鐘太長了，三分鐘也可以。假設你在會議室為你的績效做評估報告，我剛剛坐下，從現在開始會毫無偏見地聽你的說明。我想聽一下你的主張，再看看我有沒有什麼可以建議你的地方。」

此時後輩的表情才變得明亮一些，因為這種角色扮演比離職容易多了。後輩正要開始說話，但又突然感到害羞，我對他說：「只有我們自己人，你不要擔心，說說看吧！」緩解了他的緊張後，後輩開始說明：

「雖然我進公司已經四年了，但一直沒有升遷過。去年我接下了請產假的同事的工作，並且處理地很周全，今年甚至在部門合併之後，突然被分配了沒有做過的工作。新的專案也在順利進行中，如果沒出什麼錯，應該會按照日程計畫順利完成。我在過去幾年都很努力、認真地工作，但年薪似乎都沒有令人滿意的提升，升遷好像也晚了很久，希望今年我的努力可以得到相應的報償。」

聽完後輩的話後，我腦海裡的燈泡突然亮了，靜靜地聽著我和後輩談話的朋友們也有相同的感覺。我問後輩：

「你剛剛說的重點是什麼？」

「重點嗎？就像我剛剛說明的那樣，因為我有很努力地工作，所以希望可以幫我加年薪，也別忘了讓我升遷。」

聽到這句話的朋友們異口同聲地說：

「我現在知道了！這不是因為環境的問題，不是你的上司、部門、公司的問題。**你的對話當中怎麼會連一個數字都沒有？聽完你的話之後，完全沒有任何留在頭腦裡的數字！**」

÷

誰最了解自己的立場？當然是自己，因此在談論自己的時候，反而要多苦惱一些。**因為我太了解自己了，所以必須思考自己有沒有省略掉的字彙或表達方式。也就是說，在協商時，要時刻警惕以自我為中心的視角。**這同樣也適用於後輩的情況。

我可以坦蕩地說出自己比任何人都還要認真、盡力地工作，這其實很諷刺地是充滿自我中心主義的表現。為了處理無數的電子郵件，加班加到很晚；為了填補請產假的同事的空缺，辛苦地到處奔波；在開始推動新專案的時候，需要教導剛進公司的後輩，好像做了兩倍的工作，這些都帶著自我中心視角。但後輩在工作上面明明非常值得稱讚，卻在表現績效時失敗了。

那該怎麼擺脫自我中心主義呢？就像前面朋友們爭先恐後地向後輩指出的那樣，必須使用數字。心思單純的後輩不知道這一點，所以為了得到升遷和加薪所使用的理由全部都是「努力、盡力、認真」等副詞和形容詞。一位在獵頭公司工作的朋友一一糾正了後輩的話。

「以後你設定一個用數字填滿三分之一話語的目標吧！數字不一定要和績效有關，例如，把說『後天、星期四早上見』的習慣改成『七月二十七日早上十點見』。把加班到很晚的說法改成『晚上九點十五分後才下班』，這樣才能讓對方有實感，也變得犀利多了吧？這樣你的邏輯才能留在對方的腦中。

「雖然下班時間是六點，但對於某些人來說，六點十分也算是加班，對於另外一些人來說，超過七點三十分才算是加班。你下班的時間通常都是九點多，上司可能誤以為你只工作到六點三十分。『就算我不講，上司應該也知道我加班到很晚吧』、『我在那時候傳了電子郵件，他應該有看到我的努力吧』，千萬不能這樣想。

「好，重新整理一下你的話，可以發現缺少了以下這些部分。**第一，盡量將績效數值化**。你在支援部門，所以可以盡力調查清楚你的支援對組織效率貢獻了多少。公司的利潤不一定只靠推銷，可以用數字整理出你怎麼有效率地使用預算。代替請產假的同事做了多少工作則可以用工作時間來整理，在八個小時的工作時間當中，替同事工作的時間占了多少。

「**第二，數數看因為你的工作而受益的人數**。可不能只待在所屬部門發揮價值，你不是說之前你曾去其他組幫忙進行實務培訓嗎？把那些瑣碎的績效都寫下來並用數字表達出來。總共有二十七人參加那個培訓、透過那個培訓公司獲得的成效，例如不用聘請外面的講師而省下的培訓費用、有七位部門組長對培訓感到很滿意……把這些全部記下來。你的績效就取決於收集到的這些資訊。

「第三，目前為止計算了以前和現在的數字，接下來要計算未來的數字。你今年的效率是X，明年會提高到Y，你要懂得提出這種計畫。讓某人升遷代表什麼意思？不就是指那個人的責任變得更大了嗎？重點在於你要好好說明為什麼你有能力承擔那麼大的責任。用數字確切地指出以後會有變化的部分，這與只是說『我會努力的，請相信我』，兩者簡直是天壤之別。」

後輩的雙眼開始閃閃發光。事實上，他明明在做處理數字的工作，卻沒有想到可以把那個數字當作努力的證據。現在他明白了數字的重要性，應該可以改變約38%左右的對話，提高約83%的升遷機率吧？讓我們再回想一次吧，儘管使用的字彙很模糊，數字也會留下印象。

我們要銘記物理環境可能會對協商產生不利的影響。
更重要的是，要養成提前阻斷這些妨礙因素的習慣。
提前在腦海裡想像看不見的陷阱可能會出現在哪裡，
以及沒有任何準備而遭到暗算，
兩者會產生完全不同的結果。

Part 5

括號

現在括號
要放在哪裡？

Chapter 24

好奇怪，運氣很差欸？

對話環境的重要性

Ｄ課長為了和中國的一家供貨商進行協商而到中國出差。超過三個月的期間都只用電子郵件和電話溝通，而現在到了直接去察看供貨商工廠並進行協商的時候。本來Ｄ想和上司Ｐ常務一起去，但因為各種原因，最後變成只有Ｄ獨自前去協商。

雖然Ｄ去香港出差過數十次，但這還是第一次去中國出差。出差第一天就趕著搭乘計程車到供貨商的工廠，雖然已經有提前確認過準確的地址和移動時間等，但由於遇到了上班時段，交通狀況並不順暢。而且工廠用地太大，很難找到入口，最後超過了約定時間十五分鐘才到達會議室。

D慌慌張張地進入會議室找座位坐下，打開了筆記型電腦。雖然還在六月初，會議室卻像是桑拿房一樣非常悶熱。為什麼非得在又濕又熱的房間裡開會？即便D心裡有點煩躁，但他也不好隨意表露出來。他要了一杯冰涼的水，但現場只有提供熱普洱茶，最後拿到了一小杯熱茶。能怎麼辦呢？D只能吹涼了再喝。

D和供貨商簡單地握了手，開始談論今天會議的案件。雖然開始的時間有點晚，但結束的時間必須準時按照約定，因為和D的會議結束之後，供貨商還要馬上再和其他客戶開會。D察覺到了下一個會議的公司就是自己公司的競爭對手，雖然D對於供貨商不休息就緊接著安排了下一個會議，感到有點失望，但他還是裝作若無其事開始了會議。

會議室悶得慌，令人口乾舌燥。在這種情況下，再加上要獨自進行會議的壓力，讓D從一開始便感到頭昏眼花。昨晚確認了協商案件和條件好幾次，還誓言說要促成有好結果的那份決心跑去哪裡了？花了很長時間製作的資料、法律和依據，真的可以在今天的協商中派上用場嗎？

（）

在協商研究所教導學生的時候，我的前輩是中國協商專家。他畢業於國立台灣大學，在一間諮商公司工作，成功與中國公司簽訂了重要的合約，並且基於長期在中國工作的經驗，在歐洲向學生和公務員講授中國協商的技巧。我在聽他的課程時，覺得最有趣的就是物理環境對協商的影響。

當時前輩分享的實際例子如下。A公司員工想和B公司員工協商，B公司派遣三、四名協商人員去了A公司的會議室，環境如下。

來參加會議的B公司人員在指定的位子上坐下，偏偏那些位子就在冷氣的正下方，儘管正值盛夏，頭上卻吹著冷氣，而且B公司人員坐的椅子高度剛好比A公司人員坐的椅子矮，B公司人員自然只能仰望坐在對面的A公司人員。此外，雖然他們的座位對面有飲水機，但很遺憾的是附近沒有杯子。

在這個協商現場，偏偏、剛好、很自然地、很遺憾地發生了這些問題，其實這些全都是A公司故意製造的因素。我一開始以為Ａ公司的故事只是一個極端的例子，但讓我十分驚訝的是，聽那堂課的執行長和重要人物都附和了這個故事。他們掌握了巧妙地製造對對方不利的環境再開始協商的「訣竅」。

即使不是大規模公司之間的協商，也不是利害關係錯綜複雜的國家之間的協商，我們也要銘記物理環境可能會對協商產生不利的影響。更重要的是，要養成提前阻斷這些妨礙因素的習慣。提前在腦海裡想像看不見的陷阱可能會出現在哪裡，以及沒有任何準備而遭到暗算，兩者會產生完全不同的結果。那麼究竟要做哪些準備呢？

第一，提前解決生理需求。根據相關研究，比起下午，法官比較常在上午或中午吃過午餐後宣判假釋。身心的狀態越好，宣判假釋的機率就越高，也就是說，就連被訓練成需要冷靜、準確地做出決定的法官，在生理需求面前，判斷力也會變得模糊。

第二，如果會議地點在不熟悉的地方，應該要提前抵達，在附近等待再進去。絕對不能像D課長那樣，因為遲到而手忙腳亂。交通狀況、天氣等所有的變數都是提前一、兩個小時到達約定場所的話，就可以避免的問題。協商都還沒有開始，何必製造會對對方感到抱歉的事情呢？至少應該提前十五分鐘到達約定地點，或者在附近的咖啡廳或公園查看當天的議案。

第三，穿著具有威嚴的服裝。不一定要穿昂貴的名牌，把頭髮整理端正，盡量不要穿顏色太顯眼的衣服，應該穿著黑色或藍色，與年齡無關，營造出沉穩的形象。為了方便寫筆記，提前準備筆記本和原子筆。不需要讓對方看見自己用的是破破爛爛的紙或寫不太出來的原子筆，對吧？這些瑣碎的準備都會造成結果上的很大差異。

第四，如果有容易和困難的主題，考量時間的分配，應該先從容易的開始。如果一開始就從複雜又困難的主題開始，很容易會出現一種情況，那就是還沒有達成任何協議，會議就結束了。如果要從決定大前提的大議案開始討論，就應該先提議安排好適當的時間分配，以便一次完成所有的議案。

第五，請注意對方可能會有意或無意地製造不利於協商的條件。平常會怕冷、怕熱或緊張的時候常常需要喝水的話，記得攜帶薄外套或水壺等物品。

第六，進行重要的交易時，請提前檢查要和對方見面的環境並親自到那個地方場勘。事前確認協商地點的結構、椅子和桌子布局等，當天感到慌張的機率就會大幅減少。

正如前面所說的，協商的議案最好也要提前查看，不要依據心情來決定當天要談論的主題，而是應該事前透過電子郵件或口頭協議好協商的日程和議案。

在協商談到一半的時候去上廁所可能會有點失禮，但如果不知道有沒有休息時間，那就在會議之前刻意去上一下廁所吧！在談話的途中離開，即便只是暫時，對話都有可能會沒辦法再順利接下去。

各位有沒有因為在重要的會議前沒有吃飯，或者沒有喝平時習慣喝的茶或咖啡，而在會議期間一直很不舒服的經驗呢？會議室裡可能沒有準備咖啡或零食，所以不可以期望有人幫忙準備那些東西。

從《EBS Prime紀錄片：人類的兩張面孔》（暫譯）（EBS 다큐 프라임，인간의 두 얼굴）中可以看出，根據面試官在面試時喝的飲料種類，聘僱的結果截然不同。A組的面試官喝冰可樂，B組的面試官則喝熱咖啡。結果A組面試官對面試者的評價全部都是「印象很冷漠，不是合適的人才」，而B面試官給的評價都是「溫和、很合適的人才」，而且A組和B組的面試者都相同。像這樣，我們有意或無意地暴露在什麼樣的環境，對協商結果造成的影響比想像中還要大。

Chapter 25

讓話語的價值漲十倍的「sense」 用低脈絡的方式說話

在新冠病毒席捲全球之際，在法國留學的J和美國的營銷公司進行了線上招聘面試。

他在剛通過人事主管的第一次面試時向我求助，他還需要再準備和以後將一起工作的經理面試。第一次是很簡單的人事組面試，在那次面試當中，J聽到面試官說：「希望你可以為第二次線上面試準備得更加完善。」這個意思就是說，只看文件的話，J具有充分的錄取資格，但他缺少了面試技巧。

因為是線上面試，所以我和J也決定透過視訊見面，營造相同的面試環境進行模擬面試，並且討論他覺得很難應對的年薪協商。我和J聊了二十分鐘左右後，我就知道為什麼人事組提示他有一些部分需要修正了。

第一，沒辦法清楚地看到他的臉。J背對著光線，家裡的亮度也很低，螢幕上的相機鏡頭模糊得就好像沾到了指紋一樣，根本看不清楚他的臉，所以在開會期間都會因為這一點感到很煩悶。比鏡頭清晰度更大的問題是相機照向他的臉的角度，筆記型電腦的位子低於眼睛的高度，所以鏡頭裡的他看起來非常尷尬和不自然。

第二，他沒有看著鏡頭，沒有與人對視。他的眼睛始終盯著印出來的資料或螢幕外面。視訊對話的時候，如果不看著鏡頭，就無法給人對視的感覺，而會讓人留下故意避開視線的印象。

第三，他說話的速度有時候快得讓人難以理解。每個人說話的速度都不一樣，我們可以選擇說得比平常稍快或者稍慢，視訊會議特別要注意這個部分。在面對面的情況之下，我們可以看到對方的反應，如果對方好像聽不懂，就可以隨時調整速度，但是視訊會議很難那麼做。J好像沒有讀懂我的表情正在說著我跟不上他的話了。

在正式開始談年薪協商之前，我的筆記本上已寫滿了要給他建議的地方。在討論重要主題之前，我建議他先了解線上會議的禮儀。沒有檢查這一部分就開始討論年薪協商的策略是沒有意義的。

我提供了J三個我發現的回饋，還一起討論了在數位時代變得很重要的「低脈絡（low context）說話技巧」。

每個人都知道脈絡在對話中的重要性。在和某人交談的時候，可以選擇要運用高脈絡（high context）還是低脈絡的方法。**高脈絡顧名思義就是隱藏直接的表示，委婉地溝通**。例如，在高脈絡的對話當中，有人看著天空說：「月亮真明亮。」那麼我們就應該想想看月亮是在比喻什麼，「明亮」也可能需要根據脈絡來判斷是正面還是負面的意思。也就是說，話語的意義會根據脈絡有所不同。這種經常使用隱喻或比喻的對話方法，給聽者留下一個很大的作業，因為如果不懂得察言觀色、揣摩話中的意思，就可能會扭曲了涵義。

反之，在低脈絡的對話中不需要推測。如果對方直接說「不要」，那麼就不需考量理由和意圖，只要理解成「他拒絕了那個部分」就好，非常快速。電子產品的使用說明書就是低脈絡對話的典型例子。在閱讀使用說明書時，絕對沒有必要推測上面寫的詞彙和句子的深層涵義吧？上面寫著「請將A插到B」，那就只要照字面意思去做就可以了，因為這裡的脈絡並不是隱藏的。

在經常開視訊會議的數位時代很需要這種低脈絡說話能力，即任何人都可以理解的說明能力。在同一個空間面對面對話的時候，自然可以讀懂氣氛、表情、對話人員之間的感覺，因為不只是語言，還可以看到坐姿、位子、穿著、髮型等。但是隔著小螢幕對話的時候，俐落又親切的說明會左右對話的品質。

在進行視訊對話的時候，就算剛開始很努力看著螢幕或鏡頭，隨著時間的流逝，視線也會自然而然轉向螢幕外的世界。對方看不到的窗戶、手機，甚至是走動的人，我們周圍有很多會阻礙專注度的因素。因此在視訊對話中，為了讓聽者更投入對話，需要比平常更準確、更詳細的說明。

相機的設定也是在低脈絡對話中可以幫助理解的視覺因素，最好設置在一個可以讓對方看清自己的環境。

如果是直接見面的話，根本不用花心思在這個問題上，但現在居然需要做到這種程度，各位是不是覺得很有負擔？但是視訊也有很大的優點，可以實現從法國、韓國到新加坡的跨國境溝通，只需要具備視訊對話必須的基本禮儀就可以了。面試是兩個完全不了解對方的人待在同一個空間裡，在規定好的時間內判斷出對方有多麼值得信任的場合，本來壓力就很大了，不能因為不具備這些基本的東西而被扣分吧！

）

在低脈絡的對話方法中，需要謹記以下三點。

第一是主題。在說明某種情況時，需要先建立基準點。如果以時間為基準，就可以按照過去、現在和未來，或者逆順序來說明。如果以登場人物為基準，就可以按照名字和職務進行說明。如果需要進行許多討論，則可以分成組織單位、產品種類、競爭服務等各個主題來組成對話。要是在對話時，隨意混著談論時間、人、產品、服務、優點、缺點，就會很難掌握對話的中心。請在腦海裡決定好要用什麼樣的分類體系構成對話，再開始聊天吧！

第二是語速。就像前面曾經提過的，人的思考和對話速度各不相同。我覺得說得很慢的速度，對方可能不這麼想。一邊看著螢幕一邊寫筆記，有時候就會錯過核心內容。但是說得太慢也不好，狀態會變得鬆懈，很難集中精神到對話當中。

當不知道合適的速度時，最有用的方法就是向對方確認速度。不要只是在心裡猜測「這樣應該就可以了吧？」，直接詢問「現在可以理解我說的話嗎？可以充分理解嗎？」會更好。在對話當中穿插一、兩次這樣的詢問，會給人留下很貼心的印象。此外，還可以知道對方理解多少自己說的話。根據情況，再更進一步詢問：「有理解我目前為止說的內容嗎？請問有沒有問題？」也是很好的方法。

在對話的時候像這樣確認對方理解程度的人出乎意外地少，在像是面試那樣緊張的對話當中，更是如此。適當地提出這種詢問，可以發揮在履歷中無法展現出的人格魅力。

第三是文字。如果可以的話，視訊對話最好以書面形式收尾。面試結束之後，不要直接從辦公室裡出來，包括職場在內的所有正式對話都需要以書面形式收尾。整理好對話、把約定好的內容用文字記錄下來，因為話語會蒸發，文字卻能夠成為證據。

像面試等很難約定下次對話時間的情況也應如此，也就是說，「謝謝您給予我面試的機會」這種話不要只是用口頭表示，應該也要用電子郵件表達感謝。越是複雜、敏感的話題，在對話結束之後，整理內容的步驟就越重要。

在新冠疫情時代，我們習慣了透過視訊對話、工作和開會，但這種時候很容易會忘記基本禮儀有多麼重要。為了避免引起不必要的誤會，各位可以嘗試看看親切、清楚的低脈絡對話方法。

Chapter 26

如果在廁所多停留十分鐘的話

透過鏡子看看我的模樣吧

我曾經到國立台北大學出差，為台灣的公務員指導協商。這是一個專案，對象是在財政部、資源部、貿易部等部門從事提高本國理解力工作的公務員，我需要檢查他們的協商能力並教導他們缺乏的部分。那時我進行了模擬協商，分析了他們的優缺點並提供了回饋。

因為他們都是已經工作很久的高層公務員，所以他們透過處理各式各樣的國家問題和敏感問題累積下來的內功自是不容小覷。可能正因為如此，課堂上的氣氛總是很熱烈，甚至讓人分不清楚到底是實戰還是練習。我在課堂上認真拍照記錄了他們的協商態度、語言和非語言的協商能力，並個別告訴他們我的評價。

分組課程結束後，有一對一的指導時間。當時，一名五十多歲的公務員向我坦白，他在過去十七年間，在各式各樣的協商場合代表國家處理了很多重要的案件，但今天還是他第一次這麼仔細地檢查自己的協商能力。他還補充說，雖然團隊之間會回顧業務內容，但為了製作結果導向的報告，總是會忽略過程中的失誤和需要修改的部分。他問我：

「雖然這種課程也很有益，但我們不能總是依賴妳的回饋吧？課程不僅要花很多費用，而且像我們這麼忙碌的實務組，也不太能夠離開工作崗位兩、三天。請問妳可以教我們在日常生活中提高協商能力的方法嗎？怎麼樣才可以輕鬆地複習今天在課堂上學習到的內容呢？」

我的回答非常簡單。

「不要馬上從廁所出來。五分鐘，不對，就算只有兩到三分鐘，也請看著鏡子練習協商看看吧！看著鏡子裡的自己說話，就像實際的對話一樣。如果想要好好確認自己在對話時的表情和眼神，可以用相機拍攝下來，這種方法最準確，但是那麼做太麻煩了，對吧？此時可行的方法就是利用廁所裡的鏡子。

「我練習過後發現，房間化妝台的鏡子周圍環境太舒適，沒有太大的幫助。通常大家上完廁所後，洗完手就會馬上出來，請不要這樣，花個幾分鐘看看自己的臉吧！整理一下協商時最受阻的部分、最困難的主題、最難以傳達的內容，想像著鏡子前面有人並說說看，一邊確認自己的表情、語氣、眼神等。如果想要了解自己給坐在對面的人留下什麼樣的感覺、氣氛、印象，這種練習是必須的。」

（）

把廁所的鏡子當作舞台練習，像和別人說話一樣。

這個方法是我從人事主管轉換為教育顧問的時候，一家金融公司委託我進行領導能力教育之際，我研究出來的辦法。在公司上班時也沒有受過領導能力教育的我，突然被邀請對三十名課長、次長級的員工，進行四、五個小時的教育專案。離教育專案只剩一個星期的時間，我不得不使上所有的力氣，把自己重新定位為一位熟練的講師。

我在廁所看了一個星期的鏡子，觀察了我的表情、聲音、發聲、發音發得不好的句子或字彙。由於廁所有回音的特性，我的聲音聽起來就好像是拿著麥克風說話。因為不能叫朋友過來坐著聽我練習，每次都用相機錄影確認也很麻煩，於是我想出了這個方法。我記得我看著鏡子練習了數百遍：

「大家好，我是今天負責進行領導課程的Jasmine。」

就連講這簡短的一句也很困難，所以我練習了好幾次。透過在鏡子前面練習如何做出令人有好感的表情、說話的時候應該怎麼比手勢、應該用什麼樣的語調說話，我漸漸有了感覺。雖然也因為在廁所待了一個小時而被媽媽唸。

其實我現在也還在持續地練習。當我需要進行很困難的說服時，或者需要進行年薪協商等會決定今後一到兩年的重要協商時，我就會進出廁所好幾次，而且我都會建議我認識的所有客戶像這樣練習。希望各位可以先了解在進行困難對話的時候，自己無意間露出的表情和話語。

Chapter 27

說一次故事八四一〇萬韓元，你要試試看嗎？

迷惑對方的說故事力量

Q是在一間公司工作了二十年的推銷員，那是他大學畢業後的第一份工作，也很滿意這個職場。但是由於新冠疫情帶來的各種不利因素，公司進行了大規模的組織重組，Q也不得不離開了公司。

Q在休息幾個月重新充電後，開始準備就業，但新冠疫情的後續影響難以平息，就業市場比想像中更加不景氣。經過了連面試機會都沒有的沉悶的幾個月之後，Q接到了以前同事的聯絡。

同事說：「P公司正在徵人，無論如何我都覺得你是最適合那個工作的人選，所以才打電話聯絡你。」他表示自己可以幫忙推薦，鼓勵Q去參加那個公司的面試。聽了同事的說明後，Q判斷那是一份很值得挑戰的工作，所以充滿信心地報名了。P公司也很滿意Q的資格和經歷，對話進行到了協議上班日期的階段。

Q考慮到自己在一間公司工作了二十年，因組織重組而離職，所以只要年薪和之前職場的水準一樣，他便很願意在勞動合約上簽字。雖然Q看到了P公司的發展形勢，以及新冠疫情之後企業利潤增加的相關媒體報導，但他並沒有抱太大的期待。結束所有的面試，收到人事組的最終錄取通知時，Q受到了衝擊，因為上面寫的數字足足比原本的年薪少了十萬新加坡幣。年薪的前位數改變了。

Q收到錄取通知的那天晚上聯絡了我。他在中午看到電子郵件後，失望到沒有胃口，不僅覺得二十年的經歷沒有得到應有的待遇，也對這種不知道該如何是好的現實感到憂鬱。

身邊的朋友對Q說：「反正對於失業的人來說，這種待遇也沒什麼好不接受的吧？」慫恿Q接受。詢問了在那間公司上班的其他朋友後，發現他們也都經歷過類似的事情，沒有好好協商過就簽了合約。連Q的家人都建議，「即便如此，也應該要感謝最後能有這個機會。」Q問我：

「這個數字代表什麼意思？我只覺得是那個公司低估了我的價值。雖然我沒有期待會拿到更多年薪，但我也根本沒有想像過前位數會改變。」

我這麼回答：

「那不是你的經歷成績單，也就是說，那並不具有貶低你能力的意思。

「不要看數字，請看一下意圖。你可以單純想成是一場協商博弈，你需要自己說明你所擁有的二十年經歷價值，簡單來講就是一場協商技巧測驗。

「所以從現在接受遊戲並開始下注吧！你沒有什麼好失去的，因為最糟糕的情況只不過是協商失敗，接受公司現在提議的薪資而已，而最好的情況是維持以前的年薪或者拿到更多的年薪。這時候需要的就是『說故事』能力。為什麼要在新的合約寫上比現在多十萬美金的年薪呢？來創造一個迷惑對方的故事吧！」

）

Q協商所需要的說故事公式由四個階段組成。

第一個階段是不要以失落感接近，而是要以好奇心。千萬不能用生氣或激昂的聲音開始溝通。雖然從Q的立場來想，看到年薪合約比預想少八千萬韓元，應該很難保持冷靜，但先表現出負面的情感和心情並不是一個好的策略，因為惹怒了已經盡力做好份內工作的人事組並沒有什麼好處。如果真的要採取強硬的招式，也不應在協商初期，而是要等到中間或後半段再打出這張牌。反之，現在應該盡量理解對方提出那個年薪的理由、背景、邏輯等。

第二階段是尋找例外或成為例外。Q的朋友們說，為了進去那家公司工作，不僅沒有增加到年薪，反而還減少了，但真的所有在那間公司上班的人都是那樣嗎？一定會有例外的。如果很難從周遭找到例外，那就相信自己能夠成為第一個例外並且設想方法吧！

大部分的人都會在「沒有這種例外」這句話前面無力地癱坐下來，而且如果直接詢問對方該怎麼做才可以成為例外，主導權就會跟著轉移到對方手上。Q經過縝密的調查，終於找到了年薪沒有減少，而是和以前差不多金額進入公司的例子。先表示自己知道人事組的例外來開啟協商，就可以拿回主導權了吧？

第三階段是把對方的恐懼轉變成安心。公司之所以在年薪上面不能配合Q，是因為公司提供的認股權比其他公司還高。每個月不用現金給薪，而以公司股票代替年薪的原因，是為了避免員工像候鳥一樣馬上就離開公司。對於因為員工經常離職而感到不安的人事組，Q強調自己二十年來都在同一間公司工作。只有這樣積極消除對方感受到的恐懼和不安，才能獲得想要的東西。

第四階段是利用時間這個槓桿。在這場協商當中，人事組和應徵者最害怕的就是協商破裂。通常公司發現適合的人才都會想要趕快聘僱下來。經過好幾次面試，直到最後寫勞動合約的階段，如果應徵者改變心意，公司會覺得很困擾吧？這一點可以當作應徵者的武器。如果不滿意年薪的話，請盡量拖延時間並說明猶豫的理由，還有補上一句，我正在思考自己拿那個年薪是否能做好工作。

如果根據這個公式來進行Q的故事，會有什麼樣的結果呢？首先，Q使用了第一階段的策略（用電子郵件表達自己很想知道年薪怎麼會定成那個數字），再接著繼續用了第二、三階段的策略，透過電子郵件和電話確認並努力逐漸縮小彼此的立場。一個星期後，Q拿到了調漲四千萬韓元的合約。

人事組表示已經給了他「該職位的最高年薪」，並慫恿他簽下合約，但Q沒有放棄，決定繼續使用第四階段的策略。如果沒有拿到和上一個職場差不多的年薪，可能會讓他一直抱持著想離職的念頭工作，Q用這個說法再次說服了公司。兩天後Q拿到的最終合約上寫著的是他想要拿到的數字。

像這樣，協商最終就是編織故事、說話，和讓對方理解的過程。面試結束後，從人事主管那裡收到的合約草案絕對不是最終合約。我們看到數字後，很容易會感到失望、憤怒，而後放棄。如果合約上的數字和期待相差很遠，那就從現在開始考慮怎麼從那個數字中編出故事吧！

Chapter 28

星形問題 畫上提問括號的全新方法

「身為上司，最近不知道可以為員工做什麼。」

最近在招聘新員工的經理B搖了搖頭。他向我傾吐，他在教導五個二十歲後半的新員工時，對於領導能力產生了煩惱。有的員工喜歡一個一個簡單地說明，有的員工只要稍微告訴他一些，他就會自己試試看；有的員工比起一對一的面談，更喜歡小組培訓；有的員工比起團隊，更喜歡個別見面談心。

既然每個人喜歡的作業方式都不同，那麼盡量反映出下屬員工的喜好並領導員工，難道不是上司的職責嗎？B這麼回答：

「哈哈，沒錯。其實我可以顧全到細節，但是如果那樣做，團隊就會變得太個人主義了。以後這五個人以一個團隊一起工作的情況會越來越多，也就是說，幾個月之後，就會有他們團隊之間需要先開始作業再來找我討論的工作。

「雖然我現在按照他們各自的口味提供量身打造的菜單，但我遲早要把食材放進去一個袋子裡，讓他們團隊自己做料理。我該怎麼提高這五個人解決問題的能力呢？我希望即使我不在，他們也可以懂得如何互相合作來完成工作。有沒有和隊員們溝通的訣竅呢？」

我再次問了B：「你有沒有教過他們提問的能力？如果還沒有的話，請告訴我如何運用資源、情感、時間、關係、環境、觀點這六個提問點重新看待問題。像是跟你的隊員們一樣的MZ世代（出生於一九八一到二〇一〇年），他們的自我個性很強，每個人重視的問題也都不一樣，因此一起確認這種內在價值、產生共鳴並取得成果就是關鍵所在。尤其是解決問題的原動力應該要從『因為上司叫我做』改變成『為什麼解決這個對我有利』。**這六個因素叫『星形問題』**。」

星形問題

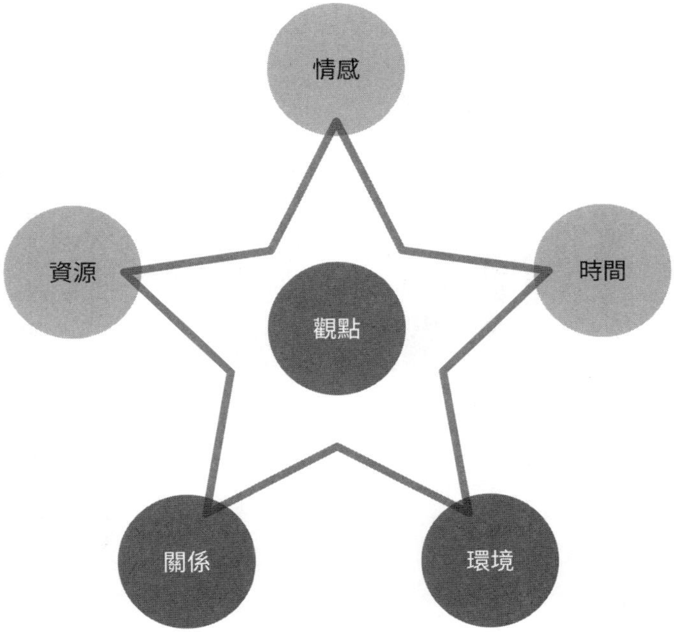

構成星形問題的六個因素當中，資源、情感、時間是為了解題或解題時需要注意的部分。剩下三個是解完所有問題後，對於獲得的好處的提問。也就是說，這些提問能讓自己不再視眼前的問題為煩惱，而將其重新視為帶來成長的解方。

提問包括方向和能量。提出好問題的力量最終會成為回答出好答案的基本體力。只有知道如何向自己提出好的問題，才知道怎麼向夥伴和上司提出那種問題，因此必須要訓練自己先在心裡回答星形問題，把主詞定為「我」，開始回答各個領域的問題。例子如下：

1. 資源：我在解決這個問題時，應該使用我的哪些優勢和資源？（培養基於自己的特性來解決問題的力量）
2. 情感：爲了解決這個問題，我要在意的情感是什麼？（觀察與問題有關的人們的心情或自己的情感）

3. 時間：爲了解決這個問題，我該如何安排時間？（意識到解決問題需要時間和精力，以預備解決的時間來代替沒有時間的藉口）

4. 關係：解決這個問題後，哪些關係會變好？（如果是有關公司的問題，可以獲得同事、上司、客户或業界人士的認可；如果是個人的問題，可以和周圍的人關係變好，或者自尊心變強）

5. 環境：解決這個問題後，會有什麼變化？（想像一下如果問題解決後，在外部、內部可以獲得什麼樣的認可、成果、好處等）

6. 觀點：解決這個問題後，我會產生哪些能力？（想像一下會提升哪些能力，例如：對數字的感覺、勇氣、分析能力等）

向自己提問，熟悉了星形問題後，就可以練習以團隊的形式，用這些提問當主題舉行會議。把主詞從「我」改成「我們」。

也可以在專案結束後，重新思考一下星形問題，和以前的答案進行比較。尤其是關於資源的那個因素，因為問到了各自的特性和優勢，可以為當事者和組織注入活力，而且可以透過一起工作的人的眼睛，看見自己的優勢和資源，心情自然會變得很好。光是互相提這些問題並且回答，就可以對團隊合作產生正面的影響。雖然向所有人提出所有的問題固然很好，但分組回答也是一個不錯的方法。

對於星形問題如何改變隊員，很值得抱有期待。

結語

勇敢地、有條理地，這就是人性化的話語

「所以說我那天晚上不曉得懊悔多少次了。後來想想，我那時候不該那麼說的。要是我有稍微準備一下，對情況做出不同判斷的話，會怎麼樣呢？唉，我那時候為什麼沒辦法勇敢地、有條理地說話呢？」

雖然我們的長相都不一樣，但神奇的是，我們的故事非常相像。在重要的面談、會議、交易等之前，只顧著緊張而畏畏縮縮地開始的笨拙準備能力、無法好好應對預料之外反應的應變能力，還會像反覆記號一樣不停犯錯，甚至連無法擺脫無力感這一點都一模一樣。

我一邊回想著十幾年前，那個想要成為社會上的聰明人卻成為了憨厚上班族的人，一邊寫下了這篇文章。那個上班族因為年紀小、和上司的性別不同、經歷短等理由，總是用各種藉口責怪自己不擅言詞，感到很挫折。那個上班族誤以為總有一天上了年紀，自然就可以挽回因為不會說話而承受的損失。那個上班族其實就是我。

想要多交代一點工作的上司、想要給少一點年薪的公司、想要提高房租的房東、要求提供額外服務的顧客……十幾年前的我在這些人面前，一句話也說不出來，一直畏畏縮縮的。

只有那些而已嗎？我把和自己的想法與意圖不同的所有人，都歸類在一起，鬱悶地問：「為什麼要欺負我？」就好像對方是加害者，而我是被害者一樣，只用這種對立的關係看待對方。

只是彼此的位置和需求不同而已，我卻因為不知道使用話語這個工具的方法，所以只能忍耐，就像吃了黃連的啞巴，緊閉著嘴巴。不好意思，以前的我就是這個樣子，我曾經是一個每天晚上都會懊悔地在心裡吶喊：「唉，要是那時候這麼說的話就好！」這種膽小的上班族。

如果我早一點學習到社會生活就是工作和話語的乘法，會怎麼樣呢？遺憾的是，過了很久我才知道，工作能力、說話能力都是需要分開鍛鍊的肌肉。本書中各式各樣的例子，以及因為無法克服立場差異和矛盾而經歷的所有故事，其實就是我那個時期的樣子。

在這個新冠疫情開啟的非面對面時代，話語變得比任何時候都還要重要。克服物理上距離感的方法就只有拉近彼此的心。

那麼即使分隔兩地，也可以心靈相通的方法是什麼呢？那就是「人性化的話語」。理解自己和他人的立場差異並讀懂在要求背後的欲望的過程，是非常人性化的。

而且也可以體現出不輕易放棄的心，因為那是一個試圖去打開說著「不知道」、「不行」的對方心扉的過程。即，就算對方和我的位置不同，也並不代表我們一定要經歷分歧。

話語公式不需要複雜的函數或微積分，只要懂得小學生也會做的加法、減法、乘法和除法的原理就夠了。即使對方和我處於敵對位置、利害關係錯綜複雜，也可以只用這四種運算方式讓對方回心轉意。

如果各位會思考要加多少情感、要減多少風險、要乘多少關係、要除多少利益，那麼你們其實已經做好製作屬於自己的話語公式的準備了。希望各位可以根據自己天生的個性、氣質和所從事的領域、特性，找到屬於自己的公式。如果本書可以幫忙各位建立起一些基礎作業，那對我而言就是至高無比的喜悅了。

好，現在闔上書，拿出一張紙，然後把紙摺兩次，做成四個格子。在那四等分的紙寫上+、-、×、÷四個符號，把看書時想到的關鍵字分別寫下來。

想想看要把什麼放到括號裡、要從哪個符號開始算，慢慢地查看關鍵字。我可以很肯定地說，在這個四等分的紙上，一定有開啟新機會和世界的屬於各位的話語公式。

最後，感謝我五歲的女兒露娜，每天在我身邊提醒我話語是人類擁有的多麼強大和美麗的工具。但願當她未來走向世界時，這些文章可以為她提供溫暖的安慰和勇氣。

獻上溫暖的加油

Jasmine

國家圖書館出版品預行編目資料

話語公式：只要會「加減乘除」，就能輕鬆掌握所有溝通！/Jasmine韓 著；林又晞 譯.--初版.--臺北市：平安. 2023.10 面；公分. --（平安叢書；第0771種）（溝通句典；61）
譯自：말의 공식

ISBN 978-626-7181-91-1（平裝）
1.CST：說話藝術 2.CST：溝通技巧 3.CST：人際關係

192.32 112015176

平安叢書第 0771 種
溝通句典 61

話語公式

只要會「加減乘除」，
就能輕鬆掌握所有溝通！

말의 공식

作　　者—Jasmine韓
譯　　者—林又晞
發 行 人—平　雲
出版發行—平安文化有限公司
台北市敦化北路120巷50號
電話◎02-27168888
郵撥帳號◎18420815號
皇冠出版社(香港)有限公司
香港銅鑼灣道180號百樂商業中心
19字樓1903室
電話◎2529-1778　傳真◎2527-0904
總 編 輯—許婷婷
執行主編—平　靜
責任編輯—張懿祥
美術設計—嚴昱琳
行銷企劃—蕭采芹
著作完成日期—2022年
初版一刷日期—2023年10月

法律顧問—王惠光律師

讀者服務傳真專線◎02-27150507
電腦編號◎342061
ISBN◎978-626-7181-91-1
Printed in Taiwan
本書定價◎新台幣360元/港幣120元